加拿大 小学社会课程研究

谢　欧　著

重庆大学出版社

图书在版编目（CIP）数据

加拿大小学社会课程研究 / 谢欧著. --重庆：重庆大学出版社，2024.3

ISBN 978-7-5689-4347-5

Ⅰ.①加…　Ⅱ.①谢…　Ⅲ.①小学－社会科学课－教学研究－加拿大　Ⅳ.①G623.102

中国国家版本馆 CIP 数据核字（2024）第 044612 号

加拿大小学社会课程研究

JIANADA XIAOXUE SHEHUI KECHENG YANJIU

谢欧著

责任编辑：陈曦　　　版式设计：陈曦
责任校对：谢芳　　　责任印制：张策
*
重庆大学出版社出版发行
出版人：陈晓阳
社址：重庆市沙坪坝区大学城西路 21 号
邮编：401331
电话：（023）88617190　　　88617185（中小学）
传真：（023）88617186　　　88617166
网址：http://www.cqup.com.cn
邮箱：fxk@cqup.com.cn（营销中心）
全国新华书店经销
POD：重庆市圣立印刷有限公司
*
开本：720mm×1020mm　1/16　印张：11.75　　字数：188 千
2024 年 3 月第 1 版　2024 年 3 月第 1 次印刷
ISBN 978-7-5689-4347-5　定价：49.00 元

作者序

社会课程(social studies),又名社会科课程,诞生于 20 世纪初的美国。作为一门融合了社会科学与自然科学的综合性课程,社会课程自诞生以来便承担着培养学生学会在民主社会中生存的重任,因而在各种思想文化交流、交融、交锋日益加剧的 20 世纪初迅速得到世界各国的认可。尤其是加拿大,因其自身所具有的"多元文化"特性和深受美国的影响,加拿大是较早开设社会国家之一。一百余年来,加拿大小学社会课程历经多个发展时期,成具有加拿大特色的课程体系,为塑造"积极的负责任公民"发挥着的重要作用。应当讲,加拿大社会课程在其本土的建设取得了巨大

加拿大社会课程的演变历程,虽然其萌芽于 19 世纪,但真正迈上规范化的正式发展之路始于 20 世纪 20 年代。加拿大的社会课程从 20 世纪 20 年代的初建到 50 年代的课程重新定位,到 70 年代的特色化发展,再到今天的深度发展,其课程目标、课程内容以及教学模式等,一直伴随着全球经济社会的发展而与时俱进和不断革新,从而成为引起全球广泛关注的独特课程。以 2001 年颁布的《基础教育课程改革纲要(试行)》为里程碑,集中体现新一轮课程改革精神和新课程理念的小学社会课程"品德与生活""品德与社会"于 2002 年方正式现于小学课程体系之中。2022 年《义务教育课程方案和课程标准(2022 年版)》发布,又开启了新一轮社会课程的改革。而对于我国整个教育体系而言,小学社会课程尚属"新生儿"。我国的小学社会课程亦是参考、借鉴了世界各国的成功经验才得以走上属于自己的发展之路。但是,在我们将目光投向他国的同时,应清醒认识到不同国情下的同一门课程,其建设与发展的经验既需参考更应转化,既可借鉴更应审视。尤其对于正在迈向"中国式现

代化"的我国基础教育而言,对加拿大社会课程进行恰当的审视和反思,有助于我们建设更具中国特色、中国风格、中国气派的小学社会课程;有助于使小学社会课程真正肩负起培养堪当民族复兴大任的时代新人的历史使命。

基于上述理念,本书不仅系统梳理加拿大社会课程的历史演变,而且从课程目标、课程内容、课程评价、教师队伍建设等方面展开了深入研究并进行经验总结。经验的总结,不在于盲目借鉴,而是要基于理性的思考来进行批判和反思,并借此瞻望我国小学社会课程的未来之路,以期为新时代中国特色社会主义教育事业的建设与发展作出绵薄的学术贡献。因作者水平有限,书中不妥之处敬请读者批评指正!此外,本书参考、借鉴了诸多学术前辈的研究成果,他们的观点、理论为本研究提供了重要的学术资源;本书的最终出版也得到了重庆大学出版社的大力支持,在此一并致以真诚的谢意!

谢 欧

2023 年 6 月

目　录

绪　论

（一）选题缘由

　　全球化时代的到来，多元文化的社会构成，已经成为今天大多数国家的现实。如何维护国家统一、政治稳定、社会民主成为许多国家面临的重要课题。公共学校的教育自然成为塑造、强化和达到这种目的的必要手段。培养合格公民已普遍成为世界各国开展教育改革的共同目标与方向。20世纪90年代后，为培养公民具有足以适应当代社会所需要的知识和技巧，具有参与民主社会的价值观念、态度和行动能力以迎接新时代的挑战，并成为身心全面发展，知识丰富、健康活泼、乐观进取、具有创造力和批判思考能力的社会公民，各国都进行了新一轮课程改革。而社会课程作为个体社会化的重要课程，公民教育和多元文化教育的重要课程载体和重要途径，自然成为世界教育改革的重点，受到了广泛的关注。我国为了满足社会发展对基础教育的要求，在世纪之交也开始了课程改革，力图构建综合均衡而又有选择的基础教育课程体系，其中社会课程的改革则是重点和难点之一。

1. 社会发展和个体需求促使社会课程再生

　　新中国建立后，我国社会主体由"臣民人格"向"公民人格"进行了转型。而改革开放以来，社会主义市场经济的诞生及迅速发展，使我国社会迎来了历史罕见的巨变，社会经济领域出现了空前的活跃，而且其自主性的趋势在不断增强。多方面的力量推动着社会治理结构由原先的高度集中向开放多元转变。任何制度的真正实现都离不开具有与制度相适应人格的人，而且归根到底制度的最大作用也就在于塑造制度下的人，人的转型既是制度转型的必要条件，也是转型成功的重要标志。推动社会主义现代化是我们要面对的时代课题,但它包含的不仅仅是社会主义经济的现代化、社会主义政治的现代化,而且还要实现人的现代化,所以实施适合于中国国情的现代公民教育便成了我们时代课题下重要的子课题。①而当今世界多数国家对公民教育的课程着力点都落到了社会课程上。正如美国后现代主义课程论者所言:"当社会发生变化时,社会课程与公民教育也必须随之发生变化。"②因此,21世纪初,教育部颁发了《基础教育课程改革纲要》,对课程设置和人才规格提出了新要求。集中体现新一轮课程改革精神和新课程理念的小学社会课程"品德与生活""品德与社会"于2002年得以开设。《全日制义务教育品德与社会课程标准(实验稿)》明确指出:"品德与社会课根据小学中高年级学生社会生活范围不断扩大的实际、认识了解社会和品德形成的需要,以儿童的社会生活为主线,将品德、社会规范和法制教育,爱国主义、集体主义和社会主义教育,国情、历史和文化教育,地理和环境教育等有机融合,引导学生通过与自己生活密切相关的社会环境、社会活动和社会关系的交互作用,不断丰富和发展自己的经验、情感、能力、知识,加深对自我、对他人、对社会的认识和理解,并在此基础上养成良好的行为习惯,形成基本的道德观、价值观和初步的道德判断能力,为他们成长为具备参与现代社会生活能力的社会主义合格公民奠定基础。"③并且,这门课程于2022年再次进行改革,设置了全新的"道德与法治"课程。所以这门课程设计的根源是个人与整个社会的维系与发展存在着密切联系。社会中的每个个体都不是孤立的,而是存在于与他人、与社会、与自然以及与自己的复杂关系之中,并不停地进行着互动,良性的互动会促进互动双方的健康发展,而恶性的互动则会对互动双方造成不同程度的危害。这门课程的目的就是使学生形成开展良性互动的能力、情感与观念,并将这些整合使之统一于学生的行为与思维之中,培育出现代的"公民人格",促进学生与自己、与他人、与社会、与自然形成良性互动,进而促使个体与社会、国家在现代化的进程中保持同步与和谐。由此可见,这不仅仅是在新时期开设的一门单纯传授某方面

① 檀传宝. 论公民教育是全部教育的转型——公民教育意义的现代化视角分析[J]. 安徽师范大学学报(人文社会科学版),2010(5):499.
② Avner, S., Cherryholmes, C.H., & Heilman, E.E.Social Studies the Next Generation:Researching in the Postmodern [M]. Frankfurt am Main:Peter Lang,2006:5.
③ 中华人民共和国教育部. 全日制义务教育品德与社会课程标准(实验稿)[M]. 北京:北京师范大学出版社,2002:1.

的知识的课程,而是一门再生的以公民教育为宗旨的综合性课程。

此外,"学会学习、学会生存"是现代社会对个体发展提出的要求,主要体现在个体的探究精神、学习能力的发展与正确的世界观、人生观、价值观的形成之中。因此,需要为学生探究精神的养成,自学能力、社会能力和综合能力的培养与发展,以及正确的世界观、人生观、价值观的形成,提供机会与课程空间。新的社会课程就是这种良好的课程平台。其一,社会课程是一门综合的课程,并不仅仅因为它包含了多学科的知识,而是因为社会课程知识不是以学科的逻辑展开的,而是以实践的逻辑展开的,学生要做的也并非单单是掌握知识,而是调动知识去发现、思考和解决现实问题,在这个过程中,各个学科的知识会被联系起来,并被学生建构在自己的知识体系之中,这个过程给学生带来的促进作用不仅仅局限于知识层面,而是升入到方法和思维层面的。社会课程的学习,使学生更有机会把在某一情景中习得的概念、知识、经验、方法运用到其他情景的学习中去,如学生会十分自然地运用历史的知识与方法去解决人类生存环境、当代社会问题等;同样的,学生也会十分自然地运用地理的知识与方法来解答历史上的、或现代国际关系中的问题等,其综合能力的锻炼与培养的机会大大增加,尤其是综合分析、综合运用能力得到了发展。其二,新社会课程综合性、实践性、开放性的特点使得学生个体接触到的是与他们生活密切相关的社会情景、社会状态与社会问题,是他们所关心的、愿意了解的内容,能有效引发其学习内驱力,激发学习兴趣,加强学习的探究精神与独立思考意识,从而锻炼与培养自我学习能力。其三,正确的观念的形成,需建立在正确的认识的基础之上,而正确的认识来源于正确的认识方法和过程。传统以学科为单位的学习使学生从单一角度、单一维度来看待社会,容易管中窥豹、盲人摸象,而社会课程独特的平台功能,使学生综合地调动各学科的知识和方法,多维度、多角度地观察和思考社会,不仅在认知层面上,更重要的是在方法论上促进了学生对人类社会诸多重大问题的探索和了解,只有这样才能使学生形成不仅正确,而且稳定的世界观、人生观、价值观。

所以,社会课程具有多重的教育价值,是公民教育的重要途径,道德教育的重要课程载体,对于这门在我国再生不过短短20余年,又开始新一轮改革的新课程,特别是新社会课程与原有社会课程相比,内涵更加丰富,内容更加多元,外延更加扩展,作用更加广泛,我们有必要对"新"的社会课程应实现什么目标、应包含什么内容、课程内容应如何组织、师生应当如何转变角色观念等各类一系列问题进行深入的思考和研究。

2. 国外小学社会课程比较研究有利于深化对我国社会课程的认识

综合社会课程自兴起以来,在世界范围内得到了广泛关注。但在我国,由于社会政治环境的变化,社会课程的发展较为曲折,仅课程形态就经历了分科—综合—再分科—再综合的过程。直到 2001 年基础教育课程改革我国才开始新一轮社会课程的建构,历史性地开创了新的综合型小学社会课程,即品德与生活、品德与社会,作为培养具有品德的社会主义合格公民的重要课程,它以学生良好品德的形成为核心,在品德基础上促进学生的社会性发展,显示了一种颇为独特的课程综合思路,取得了明显的教育效果。但社会课程在我国毕竟是一门发展不过二十余年的新课程,在课程实践中,人们往往还没有充分地认识到它的重要性,常常出现社会课程理论上重要,实际上被忽视的现象。又加上在应试教育的影响下,社会课程长期处于边缘地位,使得社会层面和不熟悉这门课程的教育研究者对其重要性都不了解。很多现象都可以说明社会课程在现实中所处的尴尬境地。比如国务院《国务院关于职工工作时间的规定》颁布之后,由于规定每周工作时间的上限由 44 小时调整到 40 小时,教育部门不得不紧缩课时,社会课程首当其冲地遭到了紧缩;有的学校随意挤占社会课程课时,甚至在一些农村学校,根本不开这门课,使这门课仅仅存在于课程表中;在抱着"苦学只为升学"态度的家长眼中,社会课程更是变得可有可无;并且在实践教学中,社会课程与学校其他课程,如心理健康课、综合实践课之间存在模糊的课程观念,未达到均衡关系,教师们和学校管理者对于社会课程综合性的认识浅显且存在偏差,觉得就是把原先一些课的内容放在一个课里讲,不是觉得教得别扭就是觉得这门课别扭,致使很多学校对这门课程敷衍教学。

又由于小学社会课程师资培养状况上也不容乐观,使得一些社会课程的教师也不完全明白社会课程的内涵,而仅仅把其定位在品德教育上或对其综合性未能把握。比如,原来的分科教师"改行"来教社会课程,很难不延续以前分科时的教学思维,更难理解社会课程的意义所在,以致完全不能把握社会课程的教授方法及课程评价的意义。不仅如此,由于目前社会课程师资培养和知识资源都欠缺制度化和有效开发,在社会课程实际师资中,由于高校还没有开设相应的社会课程,导致就连刚刚走上小学讲台教授社会课程的年轻教师也很少有专职的社会课程教师。所以社会课程到了小学课堂后,如果原先是历史老师,那教的就像是历史课;如果原先是地理老师,那教的就像是地理课;政治老师仅仅是觉得在原先思想品德课的基础上延伸和补充了一些内容。其结果就是社会课程变成了四不像,其丰富的内涵难以体现,其根本的目的也难以实现。事实上,社会课程在中小学课程体系中应具有非常重要的地位与作用,其综合性的学科特点能够较系统地促进学生了解、认识社会,这对于青少年完成自身的社会化具有极为重要的意义。从一定程度讲,社会课程的功能与作用是其他学科难以替代的。鉴于此,本研究以比较的视角对加拿大小学社会课程的历史演变、课程目标、课程内容、课程实施以及课程实施主体教师的师资培养等方面进行多维度的考察,特别是对社会课程内涵和意义的思考与分析,有助于人们准确把握我国社会课程发展的内在规律与建设理路,深化对我国社会课程的认识。

3. 外国小学社会课程比较研究有利于促进我国小学社会课程发展

在基础课程改革背景下建立起来的小学社会课程虽然在课程目标、课程结构、课程内容等方面展现出了全新的思想,但我国小学社会课程处于初级阶段,却是不争的事实,所以留存问题需要解决。比如在课程定位上,现行小学社会课程由原来的思想品德课和社会课整合而来,在课程名称上用"与"把"品德"和"生活"或"社会"连接起来,这使得课程定位不明,存在暧昧。社会课程实现道德教育的路径是在学生的心中构建起对社会的认识与理解,并将这些认识与学生的个人生活实际相联系,使学生自然地将道德构建在内心,体现在行为。所以"让学生对社会拥有宽厚的认识和深刻的理解"为路径的实现起到基础作用;学生的个人生活以及具有一定文明水准的现实社会不仅是学生认识和理解的来源之一,也使学生的认识和理解得到印证,为路径的实现起到了纽带作用。这种路径,区别于品德课程仅从"教养"的层面,"教"或"叫"儿童遵从一定社会"硬性规矩"的道德教育,而是深入到了"思维"的层面,使道德不仅仅是出于习惯,更是出于理性。社会课程的道德教育相较于思想品德课的道德教育有明显不同,其外延要更加宽泛,目标更加长远;思想品德课将道德性或政治性作为最终目标,"遵守""服从""认同"是实现这个目标的主要手段及理念,让"遵守""服从""认同"不仅在学生的行为上成为习惯,在思维过程中也要成为习惯;而社会课程的最终目标不局限于道德性,而是实现学生的社会化,学生的道德性仅仅是学生的社会化这个最终目标的一个侧面而已,学生在形成道德的同时,还要形成能力、理性等多方面的素质,这些素质统一于学生的行为与思维之中,共同支撑起学生社会化的最终目标,所以其主要手段及理念是"反省""质疑"和"选择",道德不仅靠习惯形成,更要凭借学生对社会的理性观察和思考而自然形成。从课程性质而言,思想品德课和社会课程都有塑造人精神世界的目的,思想品德课的立足点是当下现实社会,直接反映的是当代社会政治或精神文明中的伦理道德主张,社会课程虽然也立足于当下,却以当下、过去和未来的宏观视角来反映当下现实社会,不仅反映的是当代社会精神文明,而且呈现人类在整个历史进程中创造的物质、精神等各方面的文明成果,相比之下社会课程需要宽泛的知识作为课程展开的基础,所以思想品德课与社会课程的归属从根本上讲是不同的,前者应归属为德育课或政治课,而后者则应归属为文化课。①所以,新社会课程其课程性质、课程理念、课程设计、课程目标、课程内容都已较原来的品德课或社会课程发生了相应的变化,如此的课程名称客观上容易让人误解为这门课程是品德课程与社会课程的合二为一。②未能全面体现出新课改的精神实质,也没有很好地体现出综合课程的定位。

　　而这些在发展初期就存在的困惑与问题,除了依据自身的国情不断反思与总结外,还需要借鉴其他国家的先进经验,没有比较就没有借鉴,因此,本研究以国际化的视野,希望通过比较分析发达国家在社会课程的设置、建构、教学等方面取得的非常丰富的研究成果,以探寻其小学设计课程的优点与不足。加拿大是世界社会课程建构较成功的国家之一,对加拿大小学社会课程进行多维度比较,总结加拿大小学社会课程建设的经验和教训,不仅能从一定程度上丰富我国社会课程建设基本理论,更能为我国小学社会课程优化建设提供借鉴和参考依据,微观上有助于促进我国小学社会课程目标、内容组织模

---

① 赵亚夫. 论我国社会课的终结与再生[J]. 首都师范大学学报(社会科学版),2004(1):105.

② 程振禄. 关于品德与社会课程整体建设的几点思考[J]. 课程·教材·教法,2012(12):35.

式、课程教学实施及社会课程师资培养方面的合理优化,进而推动我国小学社会课程进一步有序发展。

　　加拿大是典型的多元文化社会。这里最早居住着印第安人,而后被英、法两国的殖民者统治,分别给加拿大带来了两种先进的域外文明,同时也给加拿大的民族文化烙上了深刻的二元特征。随后,印第安人自我意识觉醒,世界各地的移民不断带着各自的民族文化踏上这片土地,使得加拿大成为一个多元民族、多元宗教信仰和多元文化的"马赛克国度"。多元的民族结构给加拿大发展带来机遇,也使其面临人口构成多样性给社会带来的潜在威胁。面对复杂的多元异质化社会,加拿大政府将教育,尤其是公民教育作为消解威胁的重要手段。经过半个多世纪的探索和实践,不同民族的公民对这个多民族国家的社会责任感明显增强,公民心中对加拿大国家的认同感和归属感变得更加浓厚。而加拿大的公民教育在学校中,主要是通过一系列的社会课程来实施,虽然加拿大没有全国统一的教育制度,由各省自行设立教育部负责管理全省的各级各类教育,但各省均将社会课程作为其公民教育的基础,把课程目标直接定位在培养加拿大优秀公民上,可以说加拿大在全国范围内采取的是相似的社会课程教育以进行公民培养。其社会课程是关于理解人与他人、与社会、与世界的关系以及如何处理好这些关系的学习,使学生明白自己在这个社会中扮演的角色,以及将来要扮演的角色,掌握在社会中生存的能力和心态。其满足不同群体的价值取向,力图使学生不仅了解自己种族的文化,也要了解其他种族的文化,进而对这个多元包容的国家建立起全面客观的认识,让学生获得对加拿大及世界的认识和理解,使学生的内心世界全面准确地反映外部世界,实现心理世界与外部世界的平衡,从而形成对其他种族、文化的包容态度,并自觉地以平衡的方式看待和解决社会文化、种族、社会经济等社会实际问题。在内容上包括历史、地理、生态、经济、法律、哲学、政治科学和其他人文社会科学知识,调动和整合多学科的知识,以避免管中窥豹、盲人摸象的偏颇。这是一种以儿童的存在为视角,通过社会理解和认识教育,培养合格公民和市民素质的社会课程。在具体的实践中取得了丰富的经验与成就,对加拿大的社会稳定和经济发展起到了一定的教育支持作用。

　　所以加拿大成功的社会课程建设尝试可以为我国小学社会课程的完善提

供思路。尽管中国与加拿大在制度和国情上有很多不同,但是任何国家总有一些跨越国界的共同的社会问题,不同国度的人们对社会生活有着共通的愿望和需要,任何国家对公民素质也存在相同或相似的要求。通过对这种完全不同性质国家的小学社会课程进行比较和研究,为我国小学社会课程的进一步完善发展提供丰厚的储备,更大程度上为我国公民教育提供参考,为公民素质的进一步完善提供参考。

(二) 研究现状

1. 关于社会课程基本问题的研究

从社会课程诞生起,国内外学者对社会课程的性质、课程结构、教学方法等基本问题都进行了一系列的研究。

(1)关于社会课程的含义

社会课程是 19 世纪末和 20 世纪初时,公立学校扩张的产物。社会课程的初衷是要满足社会的需求,包括维护民主社会的生活、工业的发展、科技的进步,甚至因为大量新移民涌向城市所引发问题的解决等。鉴于需求的不同,必然使社会课程由不同的学科领域进行融合,既涵括古典学科的历史,也包括植根于实证科学的社会科学。在目标上,既包括源自于民族主义和社会批判的公民培育,也包含根植于心理学和多元文化教育基础上的个体自我提升[①]。但关于其性质、目的和内容,直到现在,学者仍认为"其答案没有你所期待的那么明确""争论一直持续到今天"[②],但美国学者认为就是这种对其性质、范围和领域持续不断的争论,才是"社会课程历史上最引人注目的一个方面"[③]。

因为争论的存在,不同的学者对社会课程定义有不同的理解。比如斯坦利(Stanley)和纳尔逊(Nelson)把社会课程定义为:"学习关于人类穿越时空的全部历程。"[④]埃德加·B.韦斯利(Edgar B. Wesley)对社会课程的定义是:"为了

---

① 任京民. 美国社会科课程理念与课堂教学的关系[J]. 外国中小学教育,2008(5):27-28.

② Ross,E.W.The Social Studies Curriculum:Purposes,Problems,and Possibilities [M]. New York:SUNY Press,2006:18.

③ Lybarger.M.B.The Historiography of Social Studies:Retrospect,Circumspect,and Prospect [J]. Handbook of Research on Social Studies Teaching and Learning,1991:3-15.

④ Ross,E.W.The Social Studies Curriculum:Purposes,Problems,and Possibilities [M]. New York:SUNY Press,2006:18.

教学而对社会科学进行的简化。"①杰弗里·琳(Jeffrey Linn)对社会课程又有不同见解,认为其是指导公民对人与人、人与公众之间问题做出决策的学科。②

1999年,英国颁布了最新的社会课程纲目,认为学习社会课程的目的是使学生了解一些主要的社会学思想,掌握参与社会所需的应用技能方面的知识、方法与能力,理解诸如社会化、社会文化、社会身份、社会权利及社会分层等综合而丰富的社会问题。因此,社会课程的实质内容就是研究社会,包括研究人的观念如何在社会中得以塑造、社会中人的行为与文化、人与人的交互作用、社会建设与社会发展如何进行。③

1994年,美国社会科协会在整合了美国各家学说、各派观点基础上,公布了《社会课程标准:卓越的期望》,该课程标准重新阐释了社会课程的含义,认为其是一门关于人文科学与社会科学的综合课程,内容不仅包括从人类学、考古学、经济学、地理、历史、法律、哲学、政治学、心理学、神学和社会学等社会科学中精选的学科内容,还涵括了一些从人文科学,甚至自然科学中选取的学习内容,目的就是通过精选的系统的课程内容学习,提高学生公民素质,帮助学生发展能力,使其能够作为公民为公众的利益在存在多元文化差异又相互依存的国家和世界中做出合理的决策。④

我国学者对社会课程的理解也深受美国的影响。孙邦正认为社会课程扩充儿童社会生活的经验,使他们认识社会生活的环境,了解社会生活的方式,养成服务社会的热忱,以期成为健全公民;龚宝善认为社会课程研究人类在时间方面和空间方面以及生活方面所形成的一切社会组织和社会活动,并谋求社会本身的发展和进步,使大家过着民主自由的幸福生活;刘淑梅、吴康宁认为社会课程使学生获得有关"社会"的整体性、框架性的认识;沈晓敏提出社会课程帮助未来公民为社会、为自己解决所面临的社会课题和人生课题。⑤ 而

① Zevin, J.Social Studies for the Twenty-first Century:Methods and Materials for Teaching in Middle and Secondary Schools [M]. London:Longman,1992:12.
② Farris.P.J.Elementary and Middle School Social Studies:An Interdisciplinary Instructional Approach[M]. New York:McGraw-Hill Companies,2004:7.
③ 钟启泉. 国际普通高中基础学科解析[M]. 上海:华东师范大学出版社,2003:284.
④ NCSS (National Council for the Social Studies), Curriculum Standards for Social Studies:Expectations of Excellence [S]. 4th printed,2001:5.
⑤ 丁尧清. 学校社会课程的演变与分析[M]. 广州:广东教育出版社,2005:3.

作为我国最早研究社会课程之一的赵亚夫教授认为,认识民主社会的优越性,培养负责任的公民,增进个人幸福和社会福利这三个核心概念是现代社会课程构建的共同要素。①

(2)关于社会课程的价值取向问题

从社会课程的诞生来看,各国因为所处发展阶段和社会文化背景等的不同,开设社会课程的目的和需要不仅有所差异而且可能不是单一的。关于社会课程的价值取向,目前有两种划分体系,一种分为三类,另一种分为五类。

美国社会课程学者罗伯特·巴瑞(Robert Barry)、詹姆斯·巴斯(Jams Barth)和 S. 塞缪尔·舍米斯(S.Samuel Shermis)在研究社会课程历史发展的基础上,归纳出该课程性质的三个传统,并"成为关于社会课程基础争论的源泉"。社会课程的这三个传统分别是:公民责任和义务的传递、社会科学的教学以及一种研究性的社会调查。②

布鲁贝克(Brubaker)提出了类似的图式,但多了两个层面:①学生主导;②社会政治参与或者社会(政治)行动论。学生本位观在于自我提高和建立自信,包括伦理意识,视社会课程为建立身份和加强自我心理素质的工具,追求成功的社会和家庭关系;社会行动观认为社会课程的一个主要目的就是促进政治行动论的价值,包括日常参与的诸如社会公正、演讲和集会自由、国际和平等活动。莫里赛特(Morrissett)在 1977 年美国社会科学教育联合会上,对教师的哲学倾向作了调查,结果支持了五分法的观点,其中多数教师选择了一个或多个原则。③杰克·泽文(Jack Zevin)认为三分法和五分法共性很多,大致对应教导的、反审和情感的三个层面。教导层面上,社会课程和教学要促进学生获取资料和传播知识,其主要目标是信息的处理;反审层面上,课程和教学要培养学生形成推理的能力以验证假说,其主要目标是发现问题和解决问题;情感层面上,课程与教学鼓励价值观的审视、信仰及信仰体系的检验,其主要目标以伦理和决策为主。虽然在教导、反审、情感这三个范畴中,每一个范畴都可以单独拟订目标和教学计划,采用如提问、主题阐述、小组活动、指导作业

---

① 赵亚夫. 学会行动:社会科课程公民教育的理论与实践[M]. 北京:高等教育出版社,2004:53-54.

② Barth,J.L.,& Shermis,S.S.Defining the Social Studies:An Exploration of Three Traditions [J]. Social Education,1970,34(8):743-751.

③ 丁尧清. 学校社会课程的演变与分析[M]. 广州:广东教育出版社,2005:23.

等教学方法,并且评价和检验具体的方案,但理想的社会课程不是每一个层面独立存在,而是实现三个范畴之间的平衡。①

(3)关于社会课程的形态问题

由于社会课程性质和定义的争论,使得其课程形态也长期处于争论之中,不同学者有不同的看法。有认为社会课程应该是综合的,也有认为应是分科性质的,还有认为是综合和分科相结合的模块化性质的。但总体来看,小学阶段社会课程形态应该是综合的,这一观点为大多数学者所认同。而关于初中阶段社会课程的形态则争论较大,学界意见不统一。②我国学者李稚勇坚信中学社会课程应该是综合化的,他认为应该在通盘性思考的基础上,对中学综合社会课程做整体性构建,并具体提出了社会课程综合化改革构想的基本思路和原则:首先,要顺应课程改革的延续性,在继承有用经验基础上与时俱进发展;其次,在吸取世界其他国家课程改革失败教训的基础上,借鉴其成功经验;再次,在把中学社会课程作为整个学校课程体系中的有机部分进行通盘性思考基础上,整体构建综合的中学社会课程本身。并且他认为在改革中应该坚持四条重要原则:坚持课程内容选择要整合人文社会科学相关领域知识的原则;坚持知识结构构建要整体与重点相统一的原则;坚持课程教材体系要使学科逻辑与心理逻辑相协调的原则;坚持课程编撰方式联合演绎与归纳相结合的原则。③

丁尧清把社会课程的形态分为了两种类型:第一种是学科形态,课程教学按照如历史、地理、公民等学术学科或科目的内容和逻辑进行;第二种是集合形态,课程教学将各个学科按照专题、主题、议题、问题等方式进行组合,比如目前在世界上广泛采取的社会或社会教育。他还认为按照课程内容的综合程度,进一步细分学科和集合形态可以构成一个连续的谱系。从一端分立单一学科形态到另一端是综合一体的形态,综合程度越来越高,在二者之间则存在着在学科际或跨学科的形态。根据教学的需要,这种图谱中的各种形态互相转化而非完全对立。④

① Zevin, J.Social Studies for the Twenty-first Century: Methods and Materials for Teaching in Middle and Secondary Schools [M]. London:Longman,1992:84.

② 王永红. 当前我国(大陆)小学社会科研究述评[J]. 学科教育,2002(5):3-5.

③ 李稚勇. 社会科教育概论[M]. 北京:高等教育出版社,2005:131.

④ 丁尧清. 学校社会课程的演变与分析[M]. 广州:广东教育出版社,2005:44-46.

(4)关于社会课程的内容组织模式问题

作为人文社会科学领域的综合课程,社会课程的课程结构一直以来都受到研究者的重视。环境扩展模式也称之为"同心圆扩大法",是社会课程设置以来最有影响力的组织模式之一,至今仍发挥影响。其产生于20世纪20年代,随后在世界范围内广泛传播,到20世纪50年代末成为占据主导地位的经典模式。大卫·A.威尔顿(David A. Welton)在肯定该模式的地位与优点的同时,也提出了质疑和反思,他还指出"社会课程不像数学课那样具有固有结构,教师在设计社会课程时所具有的灵活性要比他们意识到的多得多"[①]。汤姆·V.萨瓦赫(Tom V. Savage)和大卫·G.阿姆斯特朗(David G. Armstrong)等人也都支持他的这种观点。[②]

在社会课程发展过程中,越来越多的学者意识到环境扩展模式存在的不足,希望在"扬弃"中改进课程组织模式。受此推动,越来越多诸如"核心知识课程"模式这样的"同心圆扩大法"的变种出现。随后完全不同于该模式的新的组织形式也开始出现。新的社会课程组织模式出现。比如美国20世纪六七十年代掀起的"新社会课程运动"使社会科学课程结构得以实现。该结构重视构建知识结构和价值观教育,把学科间的关联融于社会课程中,希望以跨学科的综合课程内容代替传统的各学科分门别类的知识体系,以概念或主题式引入社会现实问题及冲突性问题的学习,代替仅学习内容与事实。[③]

80年代后期,以加利福尼亚州新"历史—社会科学"课程为代表的历史学科本位结构得以发展,成为社会课程组织模式的典范,从而彻底打破了社会课程传统的环境扩展组织模式。弗朗西·亚历山大(Francie Alexander)、夏洛特·瑰柏翠(Charlotte Crabtree)、罗纳德·勃兰特(Ron Brandt)三人比较详细地介绍了加州推出的新"历史—社会科学"课程的概况。[④]

① 大卫·A.威尔顿. 美国中小学社会课教学策略[M]. 吴玉军,等译. 北京:华夏出版社,2004:68-81.
② Tom V.Savage & David G.Armstrong. 小学社会课的有效教学[M]. 廖珊,罗静,等译. 北京:中国轻工业出版社,2003:15.
③ 任京民. 社会科课程综合化的意蕴与追求[D]. 上海:上海师范大学,2010:118-120.
④ Alexander, F., & Crabtree, C.A.California's New History-Social Science Curriculum Promises Richness and Depth[J]. Educational leadership,1988,46(1):10-13;Brandt,R.On Curriculum in California:A Conversation with Bill Honing[J]. Educational Leadership,1989,47(3):10-13;Crabtree,C.A.Improving History in the Schools[J]. Educational Leadership,1989,47(3):25-28.

　　美国社会课程协会为构建学生本位的综合社会课程,于 20 世纪 90 年代中期颁布了 10 大主题轴模式的全国性社会课程标准。①而这种组织模式在进入 21 世纪后,有学者对其不足进行了评述。如安娜·S. 奥乔亚·贝克尔(Anna S. Ochoa-Becker)认为一位在民主社会中的积极公民,其核心素质所包括的一些基本内容必须在社会课程标准中引起足够的重视,②但目前主题轴模式对于公民素质教育的宗旨还体现不足;又如大卫·J. 卢瑟福(David J. Rutherford)和理查德·G. 布恩(Richard G. Boehm)指出 10 大主题轴模式表述不够清晰与明确,对教学评价关注不够。③当今世界,现代社会的一些新观点、新理念也影响着社会课程的建构。比如后现代主义作为一种新的哲学理念,已经对美国的课程观念产生了很大影响。④

　　在国内,也有很多学者对社会课程组织模式做了大量的研究。李稚勇认为课程结构模式是综合型社会课程的关键要素,可以说社会课程结构模式合理与否直接决定社会课程能否取得成功,因为有什么样的课程结构就会有什么样的教育功能。他按照价值取向维度将社会课程划分为社会问题中心、学科问题中心和学生社会性发展中心三种类型,并对每种类型的特点和理论依据进行了说明。他认为"新社会课程运动"中出现的社会课程结构模式是社会问题中心的类型;新"历史—社会科学"课程是学科问题中心的类型;而"10 大主题轴"模式的社会课程是学生社会性发展中心的类型。⑤他在划分社会课程类型的基础上,还提出我国社会课程结构模式改革的三种构想。第一种模式是以历史为主干进行课程体系的综合;第二种构想是在时间为经,空间为纬的架构下,把人类社会问题,特别是中国社会问题作为主线进行课程体系的建构;第三种模式是打破学科界限,以人类社会为主题,形成主题轴进行综合型

① Schneider, D.O(这应该是一本书籍).Expectations of Excellence:Curriculum Standards for Social Studies [Z]. Washington:National Council for the Social Studies.1994.

② Ochoa-Becker, A.S.A Critique of the NCSS Curriculum Standards [J]. Social Education,2001,65(3):65-68.

③ Rutherford, D.J, & Boehm, R.G.Round Two:Standards Writing and Implementation in the Social Studies [J]. The Social Studies,2004,95(6):231-238.

④ Avner, S., Cherryholmes, C.H., & Heilman, E.E.Social Studies　the Next Generation:Researching in the Postmodern[M]. Frankfurt am Main:Peter Lang,2006:26.

⑤ 李稚勇. 社会科教育概论[M]. 北京:高等教育出版社,2005:131.

社会课程的构建。①赵亚夫教授则把社会课程基本框架的建构归纳为六个共同要素。一是社会课程构成的基本要素以人文社会科学的最新研究成果为基础;二是重视学生的个性,学习内容以围绕社会问题为基础,组织系统的、适宜学生自主建构的内容;三是社会课程内容要力图从多种角度探究人的本质,其内容中心应是人性的内容;四是课程内容要具有全球视野,以适应国际化和信息化社会发展的需要,所以应从多元文化视角出发,改变传统的文化偏见,考察地域文化和民族文化特征;五是重视多样化的价值观和方法论可以促进学生有创造性的学习,因为创造的源泉是需要;六是强调科学与人文观的协调,以便其促进学生的道德发展。概括这六大共同要素就构成了包括社会问题、人性、多元化、需求和道德教育等在内的共通课题。②而整合这些社会课程共通课题的形式主要有从概念出发整合、从社会问题出发整合和以历史学习为中心整合这三种。③高峡指出,课程的组织模式实质上是关于课程价值观的问题,因为结构模式从整体上反映出的是对课程性质及目标的把握,所以其不仅仅只是一个技术层面的问题。而作为综合课程的社会课程在进行课程建构时,应整合多个学科领域的内容而非依据某一学科体系进行组织。特别是小学阶段具有明显的非学科特征,更应融合儿童的生活经验进行构建。④丁尧清对当前最具代表性的环境扩展模式、学科结构模式和概念螺旋模式进行了理论基础、设计框架和教学意义的具体分析,在分析中还结合了代表人物的课程论主张。⑤郭雯霞认为我国小学社会课程结构模式是属于环境扩展模式类型上的综合主题式,基于环境扩展但不拘泥于"同心圆扩大"的排列,而是采用时空范畴、综合主题、社会要素等多元结构模式,不仅打破传统的学科知识体系,还有机融合了各领域内容。⑥总体呈现自成一派的综合课程。严书宇认为要关注社会课程的综合形式,并从学科融合的角度提出了以学科内容为支

① 李稚勇,方明生. 社会科教育展望[M]. 上海:华东师范大学出版社,2001:210-217.
② 赵亚夫. 学会行动:社会科课程公民教育的理论与实践[M]. 北京:高等教育出版社,2004:53-54.
③ 赵亚夫. 学会行动:社会科课程公民教育的理论与实践[M]. 北京:高等教育出版社,2004:172-198.
④ 高峡. 小学社会课研究与试验[M]. 北京:北京师范大学出版社,2004:45,53,280-281.
⑤ 丁尧清. 学校社会课程的演变与分析[M]. 广州:广东教育出版社,2005:255-273.
⑥ 郭雯霞. 中日两国小学社会课的比较研究———一个社会认识教育论的视角[M]. 北京:民族出版社,2005:113.

撑,以社会生活为统整之核,实现社会课程融合的构想。①代建军也对国内外几种常见的课程组织模式进行了专题研究与评述,包括"以历史与空间为经纬,以社会生活为主轴"模式,"历史与社会并列"模式,"历史与地理并重"模式,"以社会为中心,整合政治、经济、文化等相关内容"模式,以及"历史、地理、政治联合型"模式。在评述这些模式的基础上,他还提出"以历史为主线,综合地理与社会""以空间拓展为中心整合历史与社会""以地理学科为中心综合历史与社会"等课程结构模式值得进一步深入研究。②

(5)关于小学社会课程教学的问题

程振禄、王宝聚、史慧颖、邓守梅、付文联、外山英昭、李世安、陈丽娜、张茂聪、李成泉、牛学文等学者都对社会课程的教学问题做了比较广泛的研究。在对教学原则的研究方面,提出了整体性原则,即面向全体的原则;针对性原则,即尊重个体的原则;社会实践性原则,即注重过程的原则;灵活性原则,即强调多变互动的原则;综合性原则,即强调学生自身自觉调动知识并独立思考的原则。为贯彻教学原则,在教学模式及教学方式等方面的研究也取得了广泛的成果。在教学模式方面,从教学内容组织的角度,提出了综合性学习模式、三段六步教学模式、三段型结构、五步型结构、基本型结构、六环型结构和四段一线型结构等模式或结构;从教学从手段调动的角度,提出了课堂会议模式、活动型结构、"表演型"结构、讲读型结构和艺术型结构等模式或结构。在教学法方面,就很多诸如探究教学法、合作学习、体验学习、角色扮演、解决问题学习、师生共同学习、讨论法、图示法等诸多新型教学方法如何应用于小学社会课程的课堂中去,已经有了比较广泛且实践性很强的探讨。③

① 严书字. 社会科课程研究:反思与构建[D]. 上海:华东师范大学,2004:64-75.
② 代建军. 社会科课程结构类型述评[J]. 现代中小学教育,2005(1):11-14.
③ 程振禄. 关于小学社会课教学的思考和建议[J]. 课程·教材·教法,1998(12):34-35;王宝聚. 小学社会课"三段六步"课堂教学模式探究[J]. 学科教育,1999(4):18-19;史慧颖,张庆林. 探究式教学法在小学社会课教学中的应用[J]. 教育探索,2000(11):38;邓守梅. 小学社会课课堂教学结构列举[J]. 云南教育,2000(11):14-15;付文联,宋仕花."认识社会":小学社会课教学的主线[J]. 山东教育,2000(25):52;外山英昭,张茂聪. 小学社会科中的"师生共同学习"[J]. 山东教育,2000(19):103-104;李世安. 小学社会学科课堂会议模式的构建[J]. 中小学教学研究,2000(1):51;陈丽娜. 小学社会课的"合作学习"模式初探[J]. 教育评论,2001(1):70;张茂聪,李成泉. 小学社会课教学原则及运用[J]. 学科教育,1997(10):31-32.

（6）关于小学社会课程教材的问题

在关于小学社会课程教材编写情况的方面，比较有代表性的是吴履平、王宏志的研究，他们在针对七套小学社会教科书进行了详细审查的基础上，总结出了小学社会课程教科书编写的几个注意点：编写的总体方向是否把握和贯彻了全面发展的教育方针；教材内容的设定是否从素质教育的角度出发；教材总体是否体现了社会课程自身的特点；教材总体内容的组织结构是否合理；教材所用材料是否准确，观点是否正确，所讲述的知识是否有科学性的错误，教材表明的观点是否正确；教材的内容和逻辑是否与儿童年龄特征相符合，是否有趣味性；教材对教学过程的引导方面，是否注重启发性、实践性和发挥儿童的创造性；是否有特点和新意；是否符合出版印刷的要求。①在教材的使用方面，刘淑梅对1992年义务教育规定的小学社会课程的教材（人教版）的实验使用情况所做的调查与分析比较有代表性，她分别对义务教育小学实验样本组的三个群体——教师、学生及家长进行了详细的调查，通过对调查结果的分析得知，以上三个群体对社会课程教材一、二册的使用情况良好，对其的评价与意见总体上正面积极，在此基础上刘淑梅又针对如何以"认识社会"为线索来组织和建构社会教材体系以及如何把握社会教材的表述等方面的教材问题进行了理论上的深入探讨。②

2. 关于社会课程中的公民教育研究

社会课程所要实现的目标包含多个维度，涵盖知识、情感、价值观等多个层面，构建和提高学生的公民素质是其内容。在小学现有的所有课程中，公民素质的养成和提高较于其他所有学科，在社会课程中是最中心的位置，所以社会课程应被作为所有课程中对学生的公民素质养成影响最大的课程而加以重视。③从"狭义"和"广义"两个维度观察发达国家的社会课程，再反思我国社会课程的研究状况，会给我们今后的研究带来一些启发。

一方面，从一般课程的角度看待社会课程，与其他以传递知识为目的的课

---

① 吴履平，王宏志. 关于小学社会教科书编写的几个问题[J]. 学科教育，1999（11）：4-6.

② 刘淑梅. 义务教育小学社会教材研究与实验[A]. 课程教材研究所编. 义务教育教材的研究与实验[C]. 北京：人民教育出版社，1997：140-152.

③ Shaver，J.P.Handbook of Research on Social Studies Teaching and Learning[M]. New York：Macmillan Publishing Company，1991：65.

程一样,社会课程是一门旨在给学生传递作为公民所必需的法律、政治、经济等方面知识的文化课,也就是"狭义的社会课程"。例如在 20 世纪 80 年代,美国社会课程委员会推出了"新社会科学习内容",在其中明确规定,将 9 年级的课程内容设置为"民主主义社会的国体和政体系统(法律、裁判和经济)",学习的要点是"公民及世界文化"。1994 年制定的社会课程标准是目前最新的社会课程标准,他将所有课程内容架构在十大主题轴之上,"公民理想与实践"就是其中一大主题轴,另外标准中还有"权力、权威与管理"这样的条目,通过这些关于公民权利与义务的明确规定,可见美国政府及教育界历来重视对公民权利与义务方面知识、技能与情感态度的培养。加拿大将培养公民的国家归属感、民族认同感及提升公民国家意识的主阵地之一放在了公共学校,尤其是社会课程的课堂上,并使之成为开展公民教育的最直接的、主要的手段。[1]日本社会课程的教学大纲中,公民部分的目标有明确的规定:是指正确认识个人尊严与尊重人权的意义,着重理解自由——权利与责任——义务的关系,乃是社会生活之基本。加深对民主主义的理解,使之具有担负国民主权的公民所必需的基础教养。[2]

我国如李绪武、孙邦正及程健教等多位学者已经对社会课程的最终目的及实现过程进行了比较深入的探讨。他们认为社会课程是一门包含着丰富而广泛的社会价值的课程,为了使其社会价值真正地在实际教学中得以体现,其教学目标一定要带有明确的社会指向性,"使学生社会化,进而成为国家的良好公民"是社会课程的最终目标。为了使目标真正得以实现,社会课程不仅要包含优良的知识,还要有丰富的社会活动,使学生继承优良的传统和掌握丰富的经验,用精华的知识、丰富的实践和良好的成长氛围来培养学生成为未来合格的社会公民,使学生能够充分适应现代社会的要求。

另一方面,将目光放在学生个体与社会整体的长远发展上,以整个国家乃至社会的宏观角度来看待社会课程,那它就明显不仅仅只作为一门课程而存在,它更是一个学生实现其自身社会化的最明确、最直接、最主要的平台或领域。不仅是中国,还有日本、美国等,都将"培养社会公民"作为社会课程的目标并加以了明确的阐述。

在我国,关于社会课程与公民教育的研究越来越受到重视。高峡和赵亚夫对社会课程的研究进行了反思,他们认为公民教育应该是"品德与社会"课程的宗旨所在,然而长期以来我国对公民教育缺乏深入的研究,"公民教育是何种性质的指导教育?""发挥着什么样的作用?""应当包含什么样的内容?",关于这些公民教育的基本问题还存在认识不清的问题,以致于我国的"品德与社会"课程定位模糊,理念粗糙,进而直接使得课程设计的过程缺乏应有的周密与细致,很多设计不尽合理。针对这个问题,他们提出学科对知识的局限,强调在"品德与社会"课程的建构过程中进行充分的"知识整合"。①另外,高峡还进一步明确,我们要培养的公民是"具有批判思考能力的负责任的公民",基于这一目标,应当从学生的社会角色出发,培养学生在社会中生存与发展的知识与能力,进而促进学生真正实现自我价值。②民主化是人类历史发展的必然趋势,然而民主化离不开社会历史中无数的个体的推动,所以以塑造社会公民为目的的社会课程是社会民主化的必然产物,社会课程从产生到现在,虽然其内涵不断丰富,外延不断扩展,地位不断提升,但是"培养合格公民"这个最原始的要义永远是其目标的核心和展开的原点。③丛立新教授更是将公民教育的地位设定为学校教育的最根本任务,而社会课程就是完成这个根本任务的主要途径,也就是将社会课程摆在了重中之重的地位来看待,他认为应当通过社会课程将公民教育贯穿于学生的整个基础教育阶段,而社会课程的产生是出于近现代社会、政治的变革,所以社会课程内容的设定取决于公民教育的需要,绝不是历史知识加地理知识那么简单。④王文岚对我国近年来公民教育以及社会课程中的公民教育有着系统的梳理和完整的思考,他对社会课程中的公民教育展开专题研究,比较深刻地阐述了将公民教育课程化的路径,并对我国公民教育课程化的状况与问题,以及课程教材中公民教育价值取向

---

① 高峡,赵亚夫. 探索小学《品德与社会》课程的新思路[J]. 中国教育学刊,2003(4):33.

② 高峡. 突显综合特征的公民素养教育——从社会科内容的组织构建方式中得到的启示[J]. 全球教育展望,2003(10):39.

③ 高峡. 社会科和公民素养教育——从美国和日本社会科的建立谈起[J]. 全球教育展望,2002(9):13-14.

④ 丛立新. 公民教育与小学社会课[J]. 中国教育学刊,2002(2):23.

等问题进行了比较深入的剖析。①黄逸恒认为要通过课程将学生培养成合格公民,必须经历层层递进的三个阶段:首先对自己负责,做到道德自律,不仅掌握社会生存技能,而且能够终身学习以适应不断变化发展的社会环境;然后对他人负责,具备团队精神和集体观念,掌握与人沟通、协作的技能;最终达到对国家、社会和世界负责的层次,使学生培养起浓厚的国家归属感和民族自豪感,能以科学的态度主动关注国家以及世界,积极参与社会、投身社会。学生由个人层面,到集体层面,最终到所有人的层面,逐步实现融入社会的目的。②新课程改革从发端到深入发展,教育界对社会课程发展愈加重视,李稚勇、方明生、沈晓敏等人先后推出了《社会科教育展望》《社会课程与教学论》等著作,这些著作系统地介绍了国内以及国际上社会课程的发展状况,也涉及到了公民教育。总体而言,公民教育因为社会课程而进入到了课程化的发展路径,社会课程的设立与发展提升了公民教育的地位,丰富了公民教育的内涵,延展了公民教育的范围,大大增强了公民教育的生命力。③

社会课程在美国愈发受到重视。原先只有 8、9 年级开设社会课程,而如今,社会课程从幼儿园一直贯通至 12 年级,学生自进入学校以来始终都有社会课程的伴随,直至其成年,完成社会化。相应的,较之于原先的"公民课",新的社会课程也有了更高目标和更广的内容。为把学生培养成能在世界范围内共存的民主社会的"公民",在知识上,学生要广泛吸收人文、社会科学知识,涉及社会学、法学、地理学、历史学、心理学等诸多学科;在能力上,要塑造学生的判断力、决断力、思考力等诸多适应当代社会及世界的能力。

对狭义的公民教育的突破,使其外延不断拓展,而"广义的公民教育"也在不断地丰富和深化着"教育"本身的内涵。在这个过程中,社会课程从对公民教育,到对"广义的公民教育",再到对"教育"本身,起着非比寻常的作用。

① 王文岚. 社会科课程中的公民教育研究[M]. 北京:中国社会科学出版社,2006:75-91.
② 黄逸恒,单文经. 以公民素质培养为核心的社会科课程与教学[J]. 全球教育展望,2006(10):35-40.
③ 高峡. 社会科和公民素养教育——从美国和日本社会科的建立谈起[J]. 全球教育展望,2002(9):14.

3. 关于社会课程的国际比较研究

社会课程研究对于我国来说是一个较新的研究领域,而在其他国家,社会课程在经历了数十年的实践后,已经形成了较为成熟和系统的课程体系。所以国内许多学者对国外社会课程进行了比较研究,其中以对美国社会课程和日本社会课程的研究居多。

社会课程在我国是一个较"新"的课程,因而社会课程研究在我国尚是一个较新的研究领域。但是一些发达国家的社会课程已经经历了几十甚至上百年的发展历史,在社会课程的设置、建构、传授等方方面面取得了非常丰富的研究成果,针对国外的社会课程展开比较研究,从而获得可借鉴的经验教训,对于我国的社会课程发展十分有必要。目前比较研究多针对于世界上最大的发达国家——美国,以及离我国最近的发达国家——日本。

在介绍引进方面,1991 年教育科学出版社出版的《简明国际教育百科全书·课程》一书中主要对当时苏联和美国社会课程状况作了比较具体的介绍,反映了当时美国社会课程发展的基本线索和苏联社会课程的基本情况。并且书中还对社会学科的基本概念的不同说法进行了陈列,一种是列举构成社会学科的七门学科中有代表性的概念;一种是以"新社会科"为代表的社会课程概念。另外,还讨论了与社会课程相关的课程组织、学校课程目标、正规课程与非正规课程的关系、社会学科课程的未来趋势等问题。1993 年,钟启泉教授推出了《国外课程改革透视》一书,该书用不少篇幅介绍了关于 20 世纪 80年代美、苏、英、法、西德等欧美发达国家学校的社会课程教育的概况。在该书的结语部分,作者在分析课程内容不同偏重的基础上,将社会课程分为三类,即重于社会常识的"基本常识型",以社会问题为重的"社会问题"型,以社会课程的概念、法则为重的"科学知识型"。[①]1998 年钟启泉教授主编的《课程设计基础》推出,该书中又将社会课程问题专门设章讨论,涉及到社会认识与公民素质、社会认识学科课程的设计、社会课程的教学以及社会课程教育研究的课题等方面,另外还介绍了社会课程教育的历史,并展望 21 世纪的社会课程教育。[②]此外还有对美国社会课程状况的零散介绍,关于社会课程教育研究的

① 钟启泉. 国外课程改革透视[M]. 西安:陕西人民教育出版社,1993:104-142.

② 钟启泉. 课程设计基础[M]. 济南:山东教育出版社,1998:66-79,345-347.

课题主要可以分为目标论课题、内容论课题和方法论课题。①关于针对日本社会课程的比较研究，赵亚夫教授做了不少专门的探讨，如《日本中学社会科学科教育目标的设计理念与内容》《日本小学社会科的教育目标与课程内容》《日本小学社会科的学科特性和概念》等，其所涉及关于日本社会课程状况的内容也很广泛，包括日本社会课程具体的课程目标、教学内容、教育目的、学习形态、教材观念、指导内容与方法，并对日本社会课程在发展过程中如何借鉴美国社会课程的经验并将之成功地本土化吸收进行了详细介绍，对于我国社会课程吸收国外先进经验产生了方法论上的意义。在中、日社会课程比较方面，赵亚夫的研究主要集中于对课程目标和内容的分析上，他强调引导和培养公民是日本社会课程学科的根本特性，并在此基础上对日本社会课程具体的课程目标和教学内容究竟是如何体现公民资质的问题进行了详细的说明和深入的剖析。

全国（大陆）第一本中小学社会课程的国际比较学术著作《社会科教育展望》出自上海师范大学李稚勇教授，此书站在全球性中小学社会课程改革的宏观高度，对美、法、日、俄、中等国的社会课程结构进行国际比较，由此得出了对我国社会课程改革的构想②。李稚勇教授在《中美社会课程标准比较研究》中比较了中美两国社会课程标准的同与异，发现美国社会课程的宗旨就是"提高学生的公民素质"，这是其对社会课程定位的特色，而其要培养的素质是由知识、能力与态度等多方面要素组合而成，旨在促使学生具有民主社会中的公民能力。因此美国社会课程教育不仅注重伦理道德观念的培养，还重视民主观念、社会价值观、多元文化观和批判性思维能力培养，这是适合美国自身国情且独具特色的社会课程。③不仅如此，李稚勇教授也是我国国内较早研究法国"哈比改革"中社会课程改革得失的学者。

郭雯霞独具特色地以社会认识教育论的视角，观察和分析中日两国小学社会课程的生成根源、教育的内核、课程目标、知识基础和结构、教科书以及其

① 洪光磊. 学会在社会中生存——美国小学"社会科"的课程、教材与教学[J]. 全球教育展望，1993（5）：15-23；谭利华. 美国 1996～1997 年各州社会学科课程标准改革述评[J]. 外国中小学教育，1999（2）：29-32.

② 李稚勇，方明生. 社会科教育展望[M]. 上海：华东师范大学出版社，2001：2.

③ 李稚勇. 中美社会科课程标准比较研究（上）[J]. 学科教育，2003（5）：46-47.

体教学等方面。她认为,中日小学社会课程所根植的历史与社会土壤不同,日本社会课程生成于国民社会与市民社会,中国社会课程生成于国民社会与公民社会;相应的,中日社会课程课程结构也不相同,日本社会课程课程结构是社会领域系统统合型,我国小学社会课程课程结构是综合主题式。①

在海峡两岸社会课程比较研究方面,吴康宁对两岸的社会课程教学大纲进行了非常细致和深入的比较研究。通过对我国大陆小学社会课程教学大纲与台湾小学社会课程课程标准的比较分析,作者剖析了大陆和台湾各自为小学生认识社会所提供的社会架构的特点,并讨论了今后大陆小学社会课程课程标准在提供社会架构方面的可改善之处。吴康宁对于大陆社会课程改革提出了五点建议:第一,增补"社会范畴";第二,增赋文化意蕴;第三,增加"个体"与"社会"的关联;第四,增添反思成分;第五,增强结构化程度。②

对其他国家和地区的社会课程的介绍,一方面可以开拓我们研究社会课程时的视野,直接或间接地为我们提供了可以学习和效仿的样本,为我们的理论和实践提供了可资借鉴的经验和教训;另一方面,通过比较,我们意识到了自己与别人的差距,也使我们认清当前所处的发展程度,更加清晰地认识到我国社会教育的短板,具有十分重要的意义。

---

① 郭雯霞. 中日两国小学社会课的比较研究——一个社会认识教育论的视角[M]. 北京:民族出版社,2005:111-118.
② 吴康宁. 小学"社会课"教学大纲(课程标准)中的"社会架构"—— 中国大陆与台湾小学"社会课"教学大纲(课程标准)的比较分析[J]. 教育研究与实验,2001(2):13-14.

一、小学社会课程的内涵及其意义

社会课程自 20 世纪初诞生于美国以来,在全球范围内发展也仅有百年历史,是一门较新的学科教育领域。而且从其诞生以来,各种教育理念都希望给予其营养物,拥有话语权,所以关于其课程性质的理解就是一个闹哄哄的过程。加上社会课程是公民素养培育的重要途径,而各国政治、经济、文化背景等的异同对社会课程又有不同的界定,因而在比较中加小学社会课程前,必须先了解社会课程的性质,探讨小学社会课程的特点,藉此认识与把握社会课程的本质内涵和教育价值。

(一) 什么是社会课程

社会课程(Social Studies)这一术语最早被作为课程名使用,是由托马斯·杰西·琼斯在 1905 年发表的《南方劳动者》一文中提及。随后,他在此基础上,把其观点扩展写成《汉普顿课程中的社会科》一书,指出新的非裔美国人和美国原住民要学会理解社会、理解社会规则以及知道社会权利与义务,以此才能成为社会成员。而社会课程应该帮助他们去认识社会。①1916 年,美国教育协会成立全国社会课程委员会,该委员会出版报告《中等教育中的社会课程》标志着美国社会课程的确立。从社会课程诞生至今,已快一百年,但对于什么是社会课程,其课程的价值取向、概念、内容、结构等一系列问题,正如前文文献综述所述,研究界至今仍争论不止。美国有学者指出学术界关于社会课程的性质、目的和内容的争论一直延续,直到今天都还未结束。②但持续不断的关于社会课程性质、定义、范围和领域的争论也是社会课程历史上最引人注目的一个方面。什么是社会课程?③这不仅是一个关于课程事实界定的问题,同时也是一个涉及课程价值判断的问题,其本质则是关于对社会课程性质的

---

① Tabachnick,B.R.Social Studies:Elementary-school Program [A]. A.Lewy.International Encyclopedia of Curriculum [C]. Oxford:Pergamon,1991:725-731.

② Ross, E.W.The Social Studies Curriculum [M]. New York:State University Press ,2001:3.

③ Lybarger.M.B.The Historiography of Social Studies:Retrospect, Circumspect and Prospect [J]. Handbook of Research on Social Studies Teaching and Learning,1991:8.

质问。从事实判断而言,世界范围内社会课程有很多形态。中国的"品德与社会"(小学)、"历史与社会"(初中)和"社会"课程,美国的"社会研究"课程,法国的"公民、法律与社会教育"课程,日本的"小学社会"和"现代社会"课程,澳大利亚的"社会和环境研究"课程,加拿大的"社会课程、历史和地理"和"社会研究"课程等。而价值判断则是对社会课程性质的质问。所以我们要对这一基本问题进行思考,才能更好地回答什么是社会课程。

在我国,由于对美国 Social Studies 的译法不同,所以学术界就这一专业术语还未达成统一的意见。"社会课程"只是译法之一,社会科、社会学科、社会科学、社会研究、社会学习等也是常见译法,笔者在文中统称为"社会课程"。

1. 社会课程性质的争论

现代社会课程以美国 1916 开始设立为起点,其发展历史并不长。各国因为所处发展阶段和社会文化背景等的不同,开设社会课程的目的和需要也有所差异。再加上社会课程指明了个体的发展与社会化过程的前进方向,对人与社会、人与自然之间的关系进行了直接的讨论,涉及到人的培养规格问题,因此各种各样的意识形态及教育哲学自然而然地渗透到社会课程及其教学中。而且,每种哲学都希望占据主导地位,赋予社会课程一个不同的中心、目的和行动指南,规定社会课程的内容、方法和学习成果,所以这些意识形态和教育哲学交织在一起,使得社会课程的性质呈现多种取向。①目前主要的两种划分体系为三分法和五分法。

美国社会课程学者罗伯特·巴瑞(Robert Barry)、詹姆斯·巴斯(Jams Barth)和 S. 塞缪尔·舍米斯(S. Samuel Shermis)以社会课程发展的历史为基础,将社会课程的性质界定划分为三个传统。第一,公民权传承;第二社会科学;第三,反审探究。②五分法的代表人物之一布鲁巴克(Brubaker)是在三分法图式上增加了两个层面,认为还有学生主导和社会政治参与(社会行动)这两个性质。莫里塞特(Morrissett)也提出了相似的图式:其一,文化和历史的传承;其

---

① 丁尧清. 学校社会课程的演变与分析[M]. 广州:广东教育出版社,2005:21.
② Barr.R.D., Barth, J.L., & Shermis, S.S.Defining the Social Studies[J]. National Council for the Social Studies.1977:43–51.

二,个人发展的生活经验;其三,反审或批判思维和探究;其四,社会科学过程和科目内容;其五,基于政治行动论,研究社会和政治争议问题。本文将以归纳为基础,进而讨论社会课程性质的演变。

(1)社会课程是一种社会启蒙教育

从现代社会课程产生开始,这种观点就得到了认可,成为一种最广泛最长远的观点。它认为社会课程的主要目标是让公民获得社会启蒙教育,让年轻人获得充足的知识,掌握重要的技能,培养正确的价值观,从而为他们积极参与社会活动作好充分准备。

社会课程的社会启蒙功能是由社会的再生产特性所决定的。社会是人们相互交往的产物,是生产关系的总和,交织着不同利益群体的斗争和平衡。特权阶层或主流阶层通常会采取一定的行动维系当前的状态,其方法之一就是开设选择性的社会课程,从而达到传递或灌输当今社会认可的主流文化这一目的。一方面,通过继承人类文化遗产(如系统的人文和社会科学知识、伦理道德和行为规范等)的方式实现文化的代际交流;另一方面,塑造合格的,能够更好地适应社会的社会成员,从而维系社会群体,维持社会的稳定和促进再生产。[①]公民就通过对这种共同社会文化价值观的内化了解他们的国家或他们赖以生存的世界,认识和理解社会的国体和政体系统(法律、裁决和经济制度),理解社会存在的信条和信念,尊重社会的规范和价值并感受与其他公民的一种关联感,形成公民责任和义务的权责意识和概念,从而进入社会以达到社会化。这一目的与巴尔(Barr)、巴斯(Barth)和舍米斯(Shermis)的公民权传承传统相似,但在狭义的概念上又不同。公民权传递,正如巴尔等所述,包括世界观传递的任何形式,既有主流的又有朦胧的,但社会启蒙教育专注的是主流世界观的传递,[②]认为要授予社会主义核心价值观和日常生活必不可少的真理,并且培养主流文化的捍卫者和传承者。

在这种课程性质认知下,公民作为一名社会成员,其能力、理解力、责任感和有效的行动是统一主题。这一社会课程性质认识至今仍影响着人们对课程性质的判断。目前,在世界各国的社会课程标准和具体细则中,公民社会启蒙

① 丁尧清. 学校社会课程的演变与分析[M]. 广州:广东教育出版社,2005:4.

② Horton,T.A.At the Intersection:Migrant Students' Canadian Identities and the Social Studies Curriculum [D]. University of British Columbia,Vancouver,2002:15.

的教育都处于核心地位和主体部分,大多数国家公民教育的课程载体也是社会课程。例如,美国 1994 年制定的社会课程标准,其课程内容主要围绕十大主题轴构建出来。其中有两个主题轴分别是"公民理想与实践"以及"权力、权威与管理"。围绕这两大主题轴构建的课程内容,主要介绍公民的权利和义务、社会技能和态度方面的知识。在我国《历史与社会课程标准(二)》中,第一部分"我们生活的世界"主题中的目标 3 为"体会在现实生活中各种规则、制度的意义",目标 4 是"尝试在经济生活中可能充当的各种角色,初步树立现代经济意识",这些也是公民启蒙的教育。

(2)社会课程是一种社会革新教育

社会革新论以激进的社会批判为前提,明确突出反霸权的运动,主张通过问题的调解和集体性的参与行动进行对社会的改造。如学者 S.H. 安格尔和 A.S. 奥乔亚指出:"在一个民主国家中,公民教育构成两个既相关但又相分离的部分,第一是社会化,第二是反社会化。"而认可社会课程社会革新性质的研究者们就认为,要通过社会课程,指导社会进入一种民主的而非一体的模式,本质提倡的是一种社会重构的理念。该理念认为社会课程教育内容中应包含新型的教育哲学,即在社会评论的基础上,联系社会实际,增加对社会问题的思考,增加课程与文化变革之间的相互关系等内容。美国社会课程专家诺芙可(S. E. Nofflce)就是这种理念的坚定支持者。她认为现有的社会课程正处于特别不平等不公正的文化经济系统中,并正在为此种系统服务。社会课程的传统目标是维护公民的民主权益。在这种目标下设置产生新社会秩序的社会课程,应以民主和经济公正为基础。而且在社会教育的过程中,受教育者的文化程度和社会背景起了极大作用。因此,社会课程应置于社区和社会活动之中,以种族和经济平等问题为基础。社会课程本身不是"不变的结果",而是不断进行的过程。①

所以,社会革新虽然与社会启蒙相似,都要传授学生关于国家和世界的历史与进程,但与强调顺从和维持现状的社会启蒙相反,社会革新主张学生对社会问题进行反思与重建,在形成健康的怀疑观点的基础上,进而探讨社会主流的信仰、价值观、政策和实践,不仅要探究现存社会状态,更要坚持批判社会,

---

① Noffke.S.E.Identity Community and Democracy in the New Social Others[M]. New York:Falmer,2000:73-83.

依据理想对这个社会进行改造与重建。这一课程性质的定义,影响着社会课程实践的诸多方面。如问题中心式课程内容的组织形式,对话式教学,提倡学生的探究反思性学习、调查社会问题等。

(3)社会课程是一种社会科学教育

社会科学论者认为,具备社会科学的知识、能力和价值观,以此高效地应对复杂多变而且又常常令人困惑的世界是培养合格公民的最佳准备。[①]社会科学鼓励学生解析人类行为通则,因而支持了公民教育的主张。这种价值取向在课程内容上重视学术,以科学方法步骤为核心,强调学生掌握社会科学的学科结构(关键的概念、通则和理论)及社会科学家生产和证实知识的过程,组织课程的线索可以是阶级、文化、位置、权力或市场体制。社会科学取向在本质上属于智育的途径,正如美国学者 Wesley E.B. 所言,社会课程就是为了教学目的而简化的社会科学。

这种社会课程定义,20 世纪初期在美国第一次出现。代表人物是美国社会课程专家查理·贾德(Charley Judd)。查理·贾德认为,社会课程应包括历史学除外的社会学、经济学、公民学、职业指导和人类学。[②]随着实用主义教育学家约翰·杜威进步教育理念的兴起,这种课程性质的界定一度被学术界忽视。20 世纪 60 年代,社会主义苏联卫星发射成功,美国各阶层开始反思,教育界认为应当回归基础教育。在学校课程设置中,强调以学科结构为中心,这一调整被称为"新社会课程"运动。"新社会课程"运动大多基于布鲁纳掌握学科结构的观点,基于社会科学和人文(如历史、地理、社会学、人类学、政治科学和经济)科学体系实行编排和开发课程包,强调学生充分理解社会科学的概念、原理和规律。

这种课程传统,至今在一些国家中的社会课程内容编排中仍有体现,甚至占据重要地位。例如,英国继承了这种社会课程性质的界定,在课程评定中,将社会科学的思想和研究方法,纳入知识和理解的评价中。加拿大安大略省小学社会课程也强调社会科学的学科概论的学习。

(4)社会课程是个体发展教育

这种社会课程理论是一种以学生为本的观念,它认为人具有社会属性,而

① 丁尧清. 学校社会课程的演变与分析[M]. 广州:广东教育出版社,2005:24.

② Judd,C.H.The Teaching of Civics[J]. The School Review,1918(26):511-532.

且以社会的存在物这种形式而出现。人通过群体合作和系统化的学习,在获得相应的社会性经验的同时,满足个体社会交往和情感交流(如温暖、爱护、同情、关怀、尊敬、承认等)的需要。因此个体需要加入到生活共同体中去,需要积极地融入社会,获得承认。

但学生在了解和体验社会文化及其规则的过程中,具有一定的主动性、能动性和创造性,并不仅仅只是简单地接受或模仿。也就是说,学生在应对集体生活经验时,有可能作出自己的价值取向,形成自身的主体观念(是非观念、价值观念等),表现出个性化的特征。因此,社会课程就是学生个体学习适应社会技能的课程载体,是个体建立身份和加强自我素质的工具。个体通过社会课程教育,进行自我提高和建立自信,包括伦理意识,从而促进学生的自我和社会批判或反思意识。经常主动思考个人在社会生活中的行为和观念,进而探究和修正个及社会的发展方向。以追求成功的社会和家庭关系。①并且社会课程也有助于儿童个体的发展。因为其介绍自然环境、社会环境、各类人种环境和人类过去行为,可以增进个人对所处环境的了解和掌握,形成经验适应变迁。而个人心智成长所需的应用知识、解决问题的技能、社会行为发展的培养在社会课程中都有所贡献与帮助。

通过对上述四种课程性质的演变的比较得出,人们对于社会课程性质的把握有一个热闹而又简短的过程。社会启蒙、社会革新、社会科学、个体发展的提倡者及各种理论的支持者,都企图给予社会课程一个"核心"。这一"核心",应适应社会课程目标,引导其行为。由于世界各国在历史传统中,对于社会课程性质的判断存在差异,致使现在各国对于社会课程的概念认识难以达成一致。当然这些多样化的性质判断和概念提出,反映了社会课程的活力与压力,为我们进行反思和创造理念提供了新的起点。

2. 不同国家对社会课程的界定

(1)美国社会课程的含义

社会课程是什么?这个问题在各国课程发展过程中,也在各历史时期有不同理解。社会课程的诞生地美国对社会课程定义也几经更迭,诸多变化。美国社会课程协会正式成立于 20 世纪 20 年代,其主席是鲁格(Rugg)。1923

① 丁尧清. 学校社会课程的演变与分析[M]. 广州:广东教育出版社,2005:5,22.

年,鲁格提出社会课程的任务,即带领成长中的年轻人,接触当前的各种社会问题。①以此为指导思想,人们开始把培养国家公民作为社会课程的重要目标,这是基于社会课程社会启蒙的性质理解。

在 20 世纪中叶,激进建构主义思潮涌现。受此影响,该思想开始作用于美国社会课程。其提倡者指出,对待社会课程的认识应包含社会评论,应意识到跨学科分析社会问题十分重要,应把握好社会课程和文化改革之间的关系等。关于社会建构作用的课程性质的理解与思考开始出现在社会课程的定义中,进一步增强和培养学生的参与意识和决策能力。这又涉及社会革新的性质理解。

1994 年,美国社会课程标准将社会课程概念进行总结,认为社会课程是提高学生公民素质的课程,是社会科学和人文科学的综合课程。教学过程中,课程内容囊括了人类学、考古学、地理、历史、法律、经济学、政治学等一系列学科中的系统学科内容。期望通过社会课程的设置,帮助年轻一代在全球化的世界、文化多元的国家里,能够做出符合公众利益的正确判断和行为,提升他们的发展能力。②

(2)日本社会课程的含义

日本社会课程的创立和发展深受美国社会课程的影响。第二次世界大战后,日本文部省开始了战后新教育体系的建设。为了彻底打击日本军国主义势力,美国强制日本以美国教育为参照,进行改革。改革中,美国将社会课程作为向日本国民灌输美国式教育模式、价值观念的重要媒介,意图用新的教育体制和理念塑造具有民主意识的日本国民。日本社会课程委员会于 1946 年成立,其编制的《社会课程学习指导纲要》,就是以美国弗吉尼亚、加利福尼亚和密苏里等州的社会课程标准为参照的。③总体来说,当时日本社会课程完全是美国社会课程的衍生,其课程甚至以"Social Studies"(美国社会课程名称)命名。

---

① Lybarger.M.B.The Historiography of Social Studies:Retrospect,Circumspect,and Prospect [J]. Handbook of Research on Social Studies Teaching and Learning,New York:Macmiflan Publishing Company,1991:10.

② NCSS(National Council for the Social Studies),Curriculum Standards for Social Studies:Expectations of Excellence [S]. 4th printed,2001:5.

③ 赵亚夫. 日本学校社会科教育研究[M]. 北京:北京师范大学出版社,2001:8.

在此之后，1948 年日本在引进美国社会课程含义理解上，进行了消化和自主发展。以《小学社会科学习指导要领·补充说明》为例，在说明中强调，社会课程的主要目标是尽全力发展儿童优秀的公民资质，拓宽儿童的社会化视野，使得儿童在社会课程中更加深入地理解人与人、人与自然、人与社会制度及设施之间的关系是相互依存的。[①]

此后，日本始终坚持以培养现代公民的基本觉悟和基本资质为社会课程的目标和内涵。1977 年，日本《小学社会课程学习指导纲要》指出，社会课程是"谋求对社会生活的基本理解，使学生理解和热爱日本的国土和历史，以培养作为民主、和平国家与社会的形成者所必备的公民资质"。1989 年，进一步对何为公民资质进行补充说明，提出"培养作为生存于国际社会的民主、和平国家与社会的形成者所必备的公民资质基础"。1993 年，日本社会课程教育协会进一步阐明"社会课程是将培养一贯地尊重自己和他人的人格与韧性，具有民主人格，以及站在国际化角度来祈愿人类幸福和世界和平的国民，这是其教育内容的中心"，[②]这种理解一直沿用至今。

（3）法国社会课程的含义

长时间以来，欧洲的一些国家一直采用以历史、地理、公民等分科型的社会课程，但这并不表明社会课程教育在这些国家未受到重视，相反，法国、英国等国家十分重视这一领域的学习。法国也曾尝试开设了综合社会课程。

1959 年，戴高乐政府发布了《教育改革法令》，法国启动了课程改革。随后，法国于 1969 年又以"学会学习"为主旨进行课程改革。在此期间，将小学阶段的道德、历史、地理、观察、练习、科学方法初探等整理结合，进而发展为一门综合课程，即"觉醒（启发）课程"。这门综合课程提出要满足学生对周围世界的好奇心；通过培养学生对同时代的或不同时代人的情感，通过尊重彼此之间的差异，学会理解他人；教会学生对自己在这个发展的世界上的正确定位，更好地理解这个世界产生的各类问题，并借此行使个人的权利或更好地履行作为人和公民的义务；帮助学生发现如何使自己在闲暇的时间或工作的时间

① 赵亚夫. 日本学校社会科教育研究[M]. 北京:北京师范大学出版社,2001:71.
② 赵亚夫. 日本学校社会科教育研究[M]. 北京:北京师范大学出版社,2001:12.

过得更加地丰富。特别是培养他们对艺术品的感受力。①随后,为了与小学的综合课程"觉醒课程"相连贯,当时的教育部部长哈比(R. Haby)提出了一项教育改革法案,即在初中教学规划中,综合历史、地理、经济学、公民课的教学内容,形成综合型人文社会科学课程,即"人文科学"课。在高中教学规划内仍然开设分科型课程:历史、地理、公民、经济学和哲学等。1975 年法国议会通过并颁布了这项法案(简称"哈比改革"),但这场改革却以失败告终。20 世纪80 年代中叶,法国重新颁布了新的中小学课程计划,在小学阶段各年级又重新开设了以法语、数学、科学、技术、历史·地理、公民教育、艺术教育和体育为主的分科型课程。"哈比改革"期间开设的综合性社会课程又重新分解为历史·地理(一门课程)和公民课程。历史·地理课程旨在帮助儿童理解世界和社会,给予儿童有关欧洲、世界各国以及法国的历史和地理的知识,了解法国历史遗产和政治文化财富,启迪学生的公民意识,培养文化贡献的能力。公民课程旨在发展学生的整体利益感,使其尊重法律,热爱法兰西共和国,明确民主生活的准则和基础,了解国家机构及其产生发展过程,并且在面对当代的各种问题和挑战时能进行正确的判断和选择。②

通过对这些国家课程含义比较研究,我们了解到各个国家对于社会课程界定的关注点不尽相同,其课程名称也并不统一,课程形态同样存在差异。但是,他们对课程的基本评价是相同的,都主张学习社会课程是学生认识社会,融入社会,得到社会性发展的重要渠道。具体而言:一是说明其基本关注点就是学生的现实生活,促使学生增强其生活能力以及提高其作为公民的社会公德意识。把增强谋求个人和人类发展的能力作为认识社会生活的目的。二是认为其基本立场是弘扬正确的价值选择和社会正义感。三是认为把探究"人与人的关系"、积淀真实的人类情感和智慧当作学习内容的核心,从而实现人类文化的向前发展。四是认为其基本方法是以地域环境为重要基点,以最实际的社会问题为出发点,持续地开拓认识社会、探究社会的眼界,在逐步增强自身的选择能力和批判能力之后,培养理性的社会责任感。

---

① 日本教科书研究中心. 从教科书看学校课程的国际比较[M]. 日本:行政出版社,1984:83.
② 沈晓敏. 社会课程与教学论[M]. 杭州:浙江教育出版社,2003:7.

3. 社会课程的含义

结合社会课程性质的争论以及各国对社会课程的界定,对于到底什么是社会课程这个问题,笔者认为可以下一个宽泛的定义:社会课程是以培养符合国家利益的公民素养为宗旨,以公民认识社会、理解社会、促进个体及社会发展为目的的课程;其内容涉及人文社会科学知识的综合性学习,任务涉及"完整"的公民塑造过程的诸多主题;而且课程也呈现出多种形态,不仅可以以一门课程的形式存在,还可以作为一个课程领域或课程体系而存在。社会课程的本质至少具备以下几个基本要素:

(1)社会课程以国家利益至上,培养国家忠诚感的公民

目前,理论界对于社会课程核心是培养民主社会的公民素质这个观点已基本达成一致。而在认同上,"民主社会""民主制"并不是一个中立价值,更不能以牺牲国家利益为代价。同样,社会民主化是人类制度文明的成果,也是现代人类共同追求的社会理想。作为传承人类文明历程和价值观的社会课程,如果采取片面的观点或误导学生的价值判断的话,则把公民教育最核心的东西抽掉了。公民教育首先是政治素质教育,既包含情感态度和价值观,也包含理性和智慧。也就是说,一个合格的公民在大是大非面前是清醒的,是有社会责任感的。而负责任的公民应具有国家忠诚感和认同感,这样才能将自己的全部才智投入到社会参与中,才能把自身的知识和技能运用到最有价值的地方。即使在有的国家社会课程外延已扩展到培养负责任的"世界公民"上,也不是纯粹的空谈"国际化"。负责任的公民也是首先针对本地区、本国、本民族而言的。其实,越是讲世界性,越强调爱国。只有这个立足点扎实了,才能为人类做出贡献。

(2)社会课程培养公民认识及理解社会,实现个体社会化

社会课程之所以以社会命名,是因为其是一个理解人类社会及行为的课程。它应帮助学生理解人类文化所做出的贡献,进而减少因固定思维模式带来的思想偏见;增强学生对世界的理解,不管这个世界被定义为"自我",还是一个地区、一个国家。同时学会宽容、合作,具有积极的进取精神;也应通过扩展有关民族和国家的原则性知识,上升对自由和公正观念的认识,体验和理解民主制度带给人们的机会。并且社会课程承担着培养合格公民的责任,所以

其理应帮助学生了解自身所生存的社会,理清过去与现实的关联,明确自身作为一个公民的基本权利与理所应当的义务,了解自己正生活在一个资源有限、个体之间相互依存的世界中,他们必须拥有能力作出明智的选择和决定,以维护社会公众的福祉。与此同时,社会课程从本质上讲还是一门学会自我实现的课程。如果学生通过学习,只拥有社会知识和技能,而不能真正在社会中生存和发展,就不算是成功的社会课程。知识和技能都是为个体社会生存所做的准备,是理智、有效地做事的条件。社会课程就像一部完整地反映人类生存故事的教科书,个体从中既能够获得经验,又能够增长智慧,最终落实到社会生活,实现个体社会化发展,这是社会课程的精髓。

(3)社会课程形态多样,其内容是一个学科群落

"社会课程所关注的共同问题是人类行为。过去和现在,社会课程的所有组成部分(以这种形式或那种形式)都要涉及我们如何与他人互动、我们如何与我们的环境互动这些问题,同时还涉及出现于我们中间的各种各样的组织、统治以及贸易方式。"[①]因此,其学习视角触及了法律、环境、能源、政治、群体关系,以及与特定背景中的人们的经济利益、信仰和自由、文化观念等各种问题,也就是涉及多个学科内容。这些学科都围绕"人类生活"或"人与人的关系"这个中心发挥作用,各有各的价值。至于在不同的学习主题下,各学科所承担任务的比率不同,而这个比率则完全由学生的年龄层次、接受能力和学习内容本身的特点决定,并不取决于哪个学科"更重要、更有价值"。而且社会课程是一个人文社会科学领域的"消费课程",它不是知识的产生者,而只是更加综合地利用人文社会科学的已有知识。遵循社会科学的研究方法,严守社会科学的研究态度,是聪明地"消费"社会科学知识的前提。所以,无论是从知识论方面讲,还是从方法论方面看,社会课程从来不排斥任何一门学科的加入。并且,社会课程也不给其学科成员排队,谁在前谁在后是相对的,是依照公民教育的主题内容和社会问题构成的主题性质有所侧重的。各学科的方法论,都具有引领科学化研究的功能。比如,田野调查方法、统计学方法、质的研究方法等,在传统的历史、地理学习中没有,而是引入社会学、人类学、经济学等学科知识后才有的。社会课程因这

---

① 大卫·A. 威尔顿. 美国中小学社会课教学策略[M]. 吴玉军,等译. 北京:华夏出版社,2004:17.

些新成员的加入,内容愈加丰富,方法愈加科学,当然建立在此基础上的价值判断也愈加牢靠。总体而言,小学社会课程是学科群落的集合,内容呈现综合特色。内容体系图如图1-1所示。

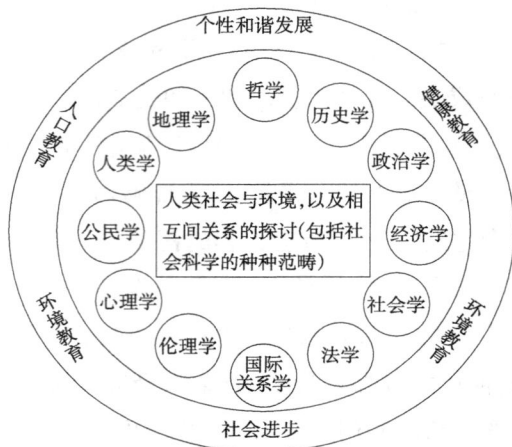

图1-1 小学社会课程内容体系图

(二) 小学社会课程的基本特点

随着社会经济的发展与教育的进步,现代社会对于教育提出新的要求。要求教育通过各种课程教学手段,培养学生整体思维和认识能力,并了解掌握解决问题的方式方法;要求教学环境具有开放性,民主性,以有利于创造性、适应性和选择性的发展特征,以利于培养良好的公民素养。但传统的学科教育在功能性和整合性方面的不足,使得这一要求很难达到。小学阶段的综合型社会课程的目的在于使学校教育更直接地服务于学生与社会的发展需要,结合其阶段特征,呈现出以下几方面的特点。

1. 小学社会课程的综合性

如上所析,社会课程的内容是一个学科群落,所以其内容结构天然具有综合性。虽然在形态上,由于各国历史文化背景和教育政策的差异,使得社会课程成为最具多样性和复杂性的学校课程,呈现不同的课程形态。既有学科主导的分科型,又有综合课程的综合型,还有分科与综合并列型。但大多数国家都认为儿童的社会生活与认识具有整体的、具体性、非学科且易变化的性质，综合型的学习更符合学生的这些认知特点。所以即使如英国这种在小学阶段采用典型的分科社会课程的国家也强调综合学习的过程。

英国是采用分科型社会课程的典型代表。在学术性课程一统天下的现代教育体系中，社会课程主要由历史、地理、公民课程组成，这是其社会课程的三驾马车，但在小学的实际教学中，英国的学校相当普遍地开设了关于社会或人文内容的课程，如乡土课、人文课、教养课、宗教教育等基础课程，还包括健康教育、经济与产业意识、生涯教育与辅导、环境教育等跨联课程和其他活动。即使在历史、地理等分科课程的设计中，也体现以人类生活为核心、以学生认识为基础的设计思想，使分科的课程内容呈现出综合的特点，并且在实际教学的过程中教师也多实施合科教学。正如英国教育科学部和威尔士事务部在1981年发表的《学校课程》文件中，提到"专题教育"的问题："小学的历史和地理教学活动经常而且越来越多地通过一系列经过挑选的专题来进行学习。这些专题的学习，常常涉及这两门或更多的科目。学校对这方面的教学活动要有一个明确而全面的计划，使学生的观点、技能和那些适合于儿童的知识，随着学生专业的发展得到拓展，这一点很重要。"①

在近百年的社会课程发展过程中，综合主导型社会课程形成了以地理学习为主线的"同心圆扩大"社会课程；围绕历史学习内容的"历史——社会科学"的社会课程；依据概念学习的"新社会课程"；依据主题构建、体现以人为核心的"塑造心灵"的社会课程等等。②但不管哪种模式的综合社会课程，都试图把分割开设的学习科目紧密联结起来，按照一定的方式或主题将各个学科组合在一起进行教学。它不仅整合了多个学科领域的内容，还融合了儿童的生活经验从而成为一门综合性课程。到20世纪80年代，在小学开设综合主导型社会课程如社会或社会教育的国家比例从20年代的10%上升到90年代的70%。这些国家的小学社会课程都具备一些共同的综合特征：将社会问题或议题作为中心；采用不同学科的概念和方法；选取理性的、分析的方法解决问题，也可以通过直觉或想象的方式解决问题；价值系统与定义和解决问题的方式有紧密联系。这使得小学社会课程呈现出典型

① 金含芬. 教育学文集·英国教育改革[M]. 北京：人民教育出版社，1993：450.

② 高峡. 小学社会课研究与试验[M]. 北京：北京师范大学出版社，2004：53.

的综合化特点。

2. 小学社会课程的实践性

社会课程的实践性首先体现在其课程的本质上。小学社会课程是一门引导学生接触社会、认识社会的课程。而"社会认识不仅仅是指认识活动结果的已经观念化或对象化的知识,更主要的是指人的现实的认识活动。"[1]认识活动所具有的实践性、批判性、创造性、生活经验性、主体间的交互性、主客体之间的交互理解性等特性,决定了社会课程教育过程应表现为"实践—认识—实践"的过程,所以小学社会课程必然是实践的。而且,实现学生个体社会化是社会课程的目标,也就是使在特定的社会环境中的学生逐渐形成以社会认可为标准的人格和行为规范,最后成为符合社会需求的合格公民。简而言之,就是学生社会属性不断提升的过程。所以社会课程不仅是丰富今天人们的思考和经验,有助于其理解认识社会,更重要的是,它要使儿童拥有在现实生活中生存和创造发展的能力,也就是社会课程培养的是能够行动的人。它不是静态的课程,所有的知识、技能,都是为了培养能够行动的人而准备的。有行动能力,是现代公民享受权利、承担义务的前提。所以社会课程着眼点在帮助学生养成自己发现问题、自己学习、独立思考的习惯,并通过提高判断能力和解决问题能力,学会自我决策。[2]所以,社会知识是其课程载体,学生的社会实践能力是其落脚点,终究是要培养有行动能力的人回到社会生活实践中去。

小学社会课程的实践性还体现在其教学过程的实践性。在适应社会之前,学生必须先了解社会。学生通过社会课程的学习,获得了一定的社会知识,从而使他们对周围一些常见的社会事物和现象有一定程度的了解和熟悉,在此基础上将他们塑造成为能够正确观察社会、逐步适应社会并且具备良好的社会责任感和社会公德的公民。那么这个教学过程只靠空洞的课堂教授是不够的,在小学生社会经验和知识结构较缺乏的阶段,必须依赖充足的生活实践活动去理解这些社会现象。在马克思主义哲学的认识论中,认为实践是认识的基础,对认识起决定作用。因为社会知识具有广泛性,不能使教学被限制

① 李勇. 社会认识进化论[M]. 武汉:武汉大学出版社,2000:3.
② 高峡,赵亚夫. 小学社会课程的基础和理念——兼谈我国小学品德与社会课的构建[J]. 教育研究与实验,2002(3):26.

在课堂这一小块领域,我们要将目光投向社会,使社会成为教学的大课堂,才能使社会知识落到实处。如果社会知识教学,只注重课堂教学而脱离了社会实践,其教学目标很难实现。只有将教学活动与社会实践有效结合,引领学生走向社会,参加社会实践,在实际活动中认识社会、熟悉社会、培养社会责任感。由此才能知行合一,提高教学的可行性、可信性和实效性。因此,社会课程需要通过"做"的过程,强调"做中教、做中学、做中求发展",通过一定的、有效的方法,诸如社会调查、社会考察和参与社会活动等去体验学习、探究学习和解决问题的学习,在获得充分体验的"做"的条件下,帮助学生认识社会、理解社会,清晰地了解自己的社会角色、责任和价值,培养正确的社会态度和批判能力。

3. 小学社会课程的开放性

小学社会课程是一门动态的课程,具有开放性特征。一方面,因多样性的文化价值使其具有开放的特征。一个和谐、健全的民主社会,一定拥有受过良好教育的具有全面素质的好公民,既应有文化,又应有教养。但不同时期的"文化"和"教养"的标准是不同的,同一时期培养"文化"和"教养"的侧重点也不尽相同。这些都影响到社会课程需采用多种多样的处理方法。当今世界是个尊重多元文化的时代,"有文化"和"有教养"的内容愈加丰富。学生在进入学校之前,往往已经通过日常生活用品、饮食、娱乐活动和大众传媒工具接触到了各种文化。对诸如此类的多样文化,小学生由于认识和经验的不足,虽然还缺乏理性的判断能力,但是不排除在情感和习惯上的依赖感。这就要求社会课程需要针对学生的生活实态和区域文化特点,采用开放的多元视角构建起课程内容与结构。另外不同学派对社会课程的文化定位也有差异。以民主社会、公民教育为中心的文化定位,教育触角越来越多,但传统的教育空间越来越小;对学校教育提出的理想目标越来越多,但社会环境对学生的影响力越来越大。于是,在"回归道德""回归生活""培养个性""尊重批判性思考"等口号指导下,社会课程开始了更加大胆的创新实践。社会课程的文化特质,让它始终处于变革的状态。而且社会课程的文化特质是由它的政治性格所决定的。尽管其中作为公民素质的知识内容,在一定时期内保持着相当的稳定性,但是社会课程是以价值观教育定向课程的,所以一旦价值观得以变化(延伸或修正），课程的内容也会随之变化。所以以开放的视角与时俱进，始终追求文化的先进性，以便满足公民教育的需要，这便是社会课程的魅力所在。

另一方面，因知识结构的复杂性使其具有开放的特征。有效的公民教育是以坚实的知识为基础的。传统的社会课程骨架，最初是以宪法学为中心的政治教育，而后是以历史学为中心组织有系统的文化教育。社会课程发展初期，历史、地理、公民教育是构成社会课程主体科目的三驾马车。但社会课程面向的是整个人类社会，正如美国社会课程专家指出不论过去、现在、还是将来，社会课程关注的焦点一直是人的行为。①人的行为以没有边际的时空为背景而不断进行，形成了各种各样、内涵丰富的社会现象，其中囊括了社会的政治、经济、文化和生活的各个方面，随着社会日新月异的发展，这个"空间"的教育领域的外延还在持续地向外延伸。美国目前的社会课程研究表明"来自学生、激进的教师、社会活动家、文化改革家、大学教授、各种评论家的各方压力促使社会课程将非裔美国人的人类学内容、家庭历史、生存与法律教育、未来研究和价值澄清、性教育、环境教育、女性研究等内容也包括进其教学内容之中"。②那么，更多的知识成员就进入了社会课程领域，既有了解"社会中存在的争端和解决决策"和"维护社会秩序的公共机构"的政治学，还有围绕公民教育宗旨设定学习目标、精选学习内容的其他社会科学学问："人类对稀缺问题做出反映"的经济学、"对人类的群体行为做出解释"的社会学、"寻求文化建立方式"的人类学、"理解个体行为"的心理学等。同时，小学社会课程是一门综合课程，不论其是以"相关课程"还是以"融合课程"形式出现，都讲究综合地考察人类社会和人类行为，也就是要尽可能地多角度、多方面看问题，这就使得社会课程从来就不是一个封闭的空间，始终具有开放的特征。

（三）小学社会课程的教育意义

在经济和科技飞速发展和变化的今天，青少年面临着社会的观念形态和文化急剧变化的冲击，社会民主法治建设也对他们的思想道德意识、社会责任

---

① Tom V.Savage & David G Armstrong. 小学社会课的有效教学[M]. 廖珊，罗静，等译. 北京：中国轻工业出版社，2003：28.

② Lybarger. M. B. The Historiography of Social Studies：Retrospect，Circumspect and Prospect[J]. Handbook of Research on Social Studies Teaching and Learning，1991：14.

感提出了新的要求。现代社会基础教育的核心任务是使每一个受教育者具备参与和创造社会生活的重要能力。实现这一目标的方式有多种,例如开展切实的、符合儿童身心发展的教育活动。此外,通过学校教育的主渠道——课程的实施这一途径尤为重要。纵观世界各国的课程规划与制定,社会课程在对青少年进行公民素养教育方面取得了优秀成果,它能让儿童和青少年对社会有一个更为科学的认识,让他们对个人与社会的关系有一个准确的把握,进而使他们具备参与社会实践的能力,以及形成积极履行社会责任的良好态度,社会课程由此表现出的价值得到了广泛的认可,表现出了独特的教育性意义。

1. 小学社会课程是实施公民教育的重要途径

公民教育作为一种理念最早出现在古希腊时代,苏格拉底、柏拉图、亚里士多德等古希腊的先哲都曾对此进行过论述。苏格拉底认为公民应该接受国家的教育,形成良好的个人道德修养,并且始终从属于国家,效忠于国家。随后,柏拉图在《理想国》一书中,又对这个问题作了进一步的阐述,认为应该通过教育培养出具有良好德性的人以适应正义国家的需要。因此,他们都主张公民教育"应是国家的事业,是公共的而非私人的。每一个国家成员从小就有资格从国家获取适当的教育"。[①]

现代意义上的公民教育,是西方资产阶级革命成功以后,由资本主义制度孕育而诞生,宪法中公民地位的确立和解释也使"公民教育"这一概念逐渐派生出来。随着社会的变革与发展,其内涵不断扩大。公民教育成为一种致力于培养社会合格成员的教育,其教育内容包括公民态度和价值观、公民知识和公民技能等三个方面。而在学校课程体系中,最能实现公民教育目标的课程载体就是社会课程。虽然公民素质不是社会课程的唯一教学目标,也并未涉及此课程的各个方面,但是公民教育相比其他学科来说,它在社会课程中占有更为重要的地位。[②]通观世界各国公民教育课程,其规划形式以及实现方式有异曲同工之处,基本上都是各国在小学和初中阶段对学生进行公民教育。社会课程具有公民教育的教育空间,有其必然性。

① 朱晓宏. 公民教育[M]. 北京:教育科学出版社,2003:11.
② Shaver, J.P.Handbook of Research on Social Studies Teaching and Learning[M]. New York:Macmillan Publishing Company,1991:28.

　　一方面,社会课程的产生是教育迎合社会发展需求和顺应社会民主化发展进程的产物。尽管由于各国国情的差异,社会课程诞生的社会背景也不尽相同,但其希望通过教育的途径培养合格公民以维护和发展民主社会的秩序与制度,顺应社会变革提出的新要求,则是各国的共同追求。实际上,公民课程在社会课程诞生以前,就已经在许多国家存在。以最早开设社会课程的美国为例,它早在1790年,就开设了公民科,目的很明确就是要培养学生的爱国心和对美国政治制度、国家理念的理解。但随着19世纪末,美国城市化问题和移民问题的加剧,单一的公民课程不能满足美国社会对公民的教育要求,综合性的社会课程应运而生。1916年,美国《中等教育中的社会课程》报告中就提出社会课程要为了社会进步,培养学生具备知识和意志以积极参与社会建设,拥有认识并理解社会生活的本质及其原则的能力,从而增强美国人的国家意识和公民意识。此后,社会课程在近百年的发展进程中又经历了多次变革。20世纪20年代到30年代的社会课程,重点在于培养效忠国家和具有社会责任感的公民。40年代由于处于第二次世界大战期间,社会课程重点强调现代史和公民训练,希望通过社会课程培养出的公民,兼具历史责任感和维护世界和平的信念。①60年代,新社会课程运动得到发展,此时的社会课程则强调公民"自我实现"和"自我认同"。80年代,美国联邦政府教育部发布题为《国家在危机中》的报告,文中对于教育系统缺失的描述,在美国国内产生了广泛的影响。在此背景下,全美社会课程协会发布了题为《关于全球教育的一般见解》报告。这份报告以"全球"为基点,对社会课程的教育目标、内容、教材和教学方法进行重新思考与总结,倡导社会课程应该把人与人的相互依存关系放在重要位置,并运用人类的理性与智慧培育积极参与社会改造的新一代公民。②此后,课程标准化运动在20世纪90年代开始开展与推进。这一时期的社会课程强调公民应具备迎接新世纪挑战、参与社会实践的目标与能力。纵观美国社会课程的发展历程,虽然社会课程内涵因时代背景的不同而有所变化,但其核心目标——培养公民却一直保持不变。目前,从世界多数国家公民教育课程看,在中小学阶段仍然以社会课程为公民教育课程载体,虽然各国

① 沈晓敏. 社会课程与教学论[M]. 杭州:浙江教育出版社,2003:11.
② 赵亚夫,李建红. 美国学校社会科教育的诞生与发展(1916—1983)[J]. 首都师范大学学报(社会科学版),1999(1):91.

使用不同的课程名称,课程具体内容方面各有侧重,但培养合格公民这一目标,在各国课程中都居于核心。本着公民教育的宗旨,各国都持续地拓展和丰富社会课程内容,不断地创新实施手段。

另一方面,社会课程与公民教育相呼应。社会课程不仅注重培养学生的社会实践能力,而且强调课程本身的综合性与开放性的特征。其综合性的特点顺应了现代社会公民教育对公民意识、知识和能力全方位培养的要求,有助于培养合格的公民。社会课程对公民整体资质给予了全方位多角度的关注,首先,在意识上,培养公民应具有全球意识、国际意识、多元意识、社会问题意识、环境保护意识、整体意识、责任意识等意识,并能理清各意识之间的相互关系;①其次在能力上,培养公民具有合理质疑、信息处理、批判反思、做出有效决定等方面的能力。为了培养出具有上述知识和能力的公民,社会课程内容涉及政治、经济、文化、法律、道德、社会等方面的人文社会科学知识,还有部分自然科学知识。与此同时,社会课程的开放性,促使公民形成更为积极的参与观念。在教学过程中,鼓励学生融入社会环境,关注社会问题,并力图加强学生学习自身与社会现实之间的联系。这对扩展学生的视野,积累学生社会经验,培养学生实践能力,促进学生参与意识的形成和参与能力的提高。此外,社会课程倡导的教学策略具有很强的参与性、合作性、民主性和反思性,这与当代公民教育培养目标又相一致。比如探究性学习、问题解决学习、批判反思学习等策略都有助于学生树立民主、平等、合作的意识,培养学生理性思考的能力。

正是基于社会课程的这些特点,其成为公民教育的主要实施途径是一种必然,在世界范围内也逐渐成为的一种趋势。

2. 小学社会课程是道德教育的课程载体

道德,是一定社会依照舆论作用和内心力量而形成的规范和准则。它是社会的产物,其内涵和性质可以说道德是一种特有的社会现象,是一种社会意识形态,也是人们社会关系的反映。②虽然目前关于道德教育的目的有多种观点,也存在各种争论。但是,就道德教育具有社会性这一点而言,是不容置

① 赵亚夫. 国外社会科中的历史教育[J]. 中学历史教学参考,2002(1):8.
② 吴铎,罗国振. 道德教育展望[M]. 上海:华东师范大学出版社,2002:31.

疑的。社会本位德育目的的代表人物涂尔干认为,道德教育的唯一目的就是使个体实现社会化。因为道德的本质具有社会属性,其教育实质就是社会教育。对此,他进一步指出:"道德的目的即是社会的目的,合乎道德地去行动就是为着集体的利益去行动……道德的出发点正是社会的出发点。"①由此得出,在涂尔干的整个道德教育理论体系中,是以社会的利益和要求为标准评判道德的尺度,而非以个人的欲望和心理状态作为标准。在这其中,最基本的要素是纪律精神,其原因在于纪律就是道德,道德包括许多规则,而这些规则是受社会制约的,并且为社会服务。在涂尔干的理论中,道德教育就是通过一定理性约束的途径把集体的规则强加给学生,从而形成他们的纪律意识,达到对集体的依附(牺牲精神)。在涂尔干看来,纪律精神和对一个集体的依附乃是统一的,这种统一性可以解释义务和善的同一性。同时,涂尔干也指出:"道德教育仅仅培养纪律精神和牺牲精神是不够的,还必须培养意志自主性,这种自主性包括理解制定这些法则的原因,以及社会为什么要给我们制定这些法则,而我们除了接受之外别无选择"。

当然,在社会性基础上,道德教育的性质在理论和实践层次上还蕴含着整体性。主要体现在教育形式和个人形成两个方面。教育形式方面,道德教育作为教育的一种形式,始终在其他一切教育形式如思想政治教育、劳动教育、审美教育、知识教育等教育形式中得以体现。个人道德形成方面,道德教育在个人早期发展阶段具有决定性意义,随着个人的不断成长,它自觉、积极地推动人内心的自我约束。通过道德教育,逐渐把社会对个人的规范要求转变成个人的内在品质。这也是道德教育被其他的教育活动形式依靠的原因。②

而社会课程从其诞生就注重传递社会的特定价值,培养认同国家,具有正确价值观是善良公民。③由此我们也可以认为,社会课程存在的价值和意义就是促进学生社会性的发展,其实现途径包括引导学生的社会认知、带领学生体验社会生活,以及帮助学生进行社会生活经验的反思和创造等。④而人们

① 爱弥尔·涂尔干. 道德教育[M]. 陈光金,沈杰,朱谐汉,等译. 上海:上海人民出版社,2001:59-60.
② 何小平,戴木才,章小谦. 道德哲学与道德教育[M]. 南昌:江西高校出版社,2010:50.
③ 王文岚. 社会科课程中的公民教育新取向及其教学策略[J]. 教育研究,2007(7):55.
④ 严书宇. 社会科课程研究:反思与构建[D]. 上海:华东师范大学,2004:50.

通过道德这一明确的社会标准,更好地融入社会当中。[①]所以,社会课程的目标与儿童"德性"的养成目标,具有高度的一致性。道德教育也由此成为社会课程的教育方向和教育空间。

具体来说,道德教育与社会课程的关系既相互联系又各自独立。二者在学校教育中各自发挥着独特的作用,但又不能相互取代,道德教育与社会课程形成了相互支撑的教育价值。[②]

首先,社会课程中涉及部分独具特色的道德教育内容。但是,这并不意味道德教育就是社会课程的一个组成部分,或者社会课程和道德教育无法相互包含、替代。这种观点旨在强调公民道德教育和社会课程,两者之间互相交融,不可或缺的关系。这也正是由社会课程所指向的公民身份的道德要求所决定。社会课程和道德教育在对知识的重视程度上具有一致性,都强调注重知识教育;强调对学生公共生活欣赏与合作能力的培养;强调培养学生掌握社会公共生活的基本规则;强调培养其形成认同归属、乐于交流、尊重多样性、信任他人、参与意识以及领导能力等。另一方面,道德教育也支持着社会课程所主张的一些公民德性,比如公民应具有社会责任意识,积极参与社会民主生活,遵守国家法纪法规,保护社会公共环境,树立服务社会与他人共享的意识等。因此,社会课程以它自身具有道德教育性质的内容扩展了现代道德教育的范围。

其次,现代社会的道德教育与社会课程互为支撑。人在不同的社会关系网络中,会拥有不同的社会关系身份。而这一社会性身份的变化,导致社会对个人道德的要求有所差异。例如,社会对于对不同职业从业者,其职业道德要求是不同的。这种针对不同社会身份而产生的不同道德要求,具有一个个特殊的德性,但又不是完全独立的。一般意义上的人之所以为人的基本德性与这些特殊德性不可分割,有着紧密的联系。涂尔干曾对此提出一个存有一定争议的观点,即"如果从道德的角度去教育儿童,那么并不是培养儿童一个个特殊的德性。而是采用一种特定方法在儿童身上,去培育甚至构造一般意义的性情。这种性情一旦被创造出来,就会使儿童能够轻而易举地适应人类的

① 朱小蔓. 当代德育新理论丛书[M]. 北京:人民教育出版社,2003:2.
② 王琪. 美国青少年公民教育理论与实践研究[M]. 北京:北京理工大学出版社,2011:11,18.

特殊生活环境。"①从中可以看出,人的基本德性中有人的各种特殊德性的根基,并且各种特殊德性的培养,需要那些基本德性的涵养。所以,道德教育在现代社会中,仍然具有在传统社会里针对不同社会身份的人所实施各种教育进行奠基的功能。这种功能同样适应于社会课程所担负的公民教育。比如公民教育所要求的公民应有的道德品质,如积极、乐观、自信、自尊、勇气、友爱、信任、诚实等,同样是品德教育所注重的个体道德品性。道德教育对于基本道德的要求同样为民主制度下的公民教育所重视。并以其自身的全面性要求,提升和扩展了自身在公民教育中的地位和空间。所以,作为公民教育重要途径的社会课程自然成为道德教育的重要载体。

3. 小学社会课程是实现自我发展的理想渠道

学生的自我发展主要表现为提高自己的知识水平和技能水平,也包括生理和心理两个层次。学生能够对某一事物、现象做出判定,正确、客观地认识自我和社会,养成尊重包容、公正民主、批判反思等优质的品性。

首先,小学社会课程的知识与技能能帮助学生实现自我发展。社会课程包括了历史、地理、伦理、经济、法学、社会学等学科,知识体系庞大,内容冗杂。其中某些学科知识是与学生的社会化程度和智力发展水平相一致的,为学生主动、负责任地参与社会活动提供了条件,有利于培养学生的自我管理能力、自我支配能力以及社会决策能力,养成积极主动的社会态度。

社会课程中的历史学、社会学知识能帮助学生理解历史与现实的关系,理解作为一个社会中的人能够拥有的基本权利和所需承担的责任,使学生学会在自身所处的社会中正确定位自己的角色,实现学生与社会的互动。其中地理学的学习,学生除了获得基本的地理常识外,也对地区知识、世界环境以及地图有了自己的认识和理解,对不同地区的文化和社会、习俗都有了自己的见解,也促使学生从全球的角度看待社会。所以,社会课程由确立为社区服务的意识,扩展到了从全球视野看公民素质的程度。②历史从纵向的时间角度观察人类活动,地理从广阔的空间角度探讨人类活动。③倘若公民不了解历史

① 爱弥尔·涂尔干. 道德教育[M]. 陈光金,沈杰,朱谐汉,等译. 上海:上海人民出版社,2001:23.
② 赵亚夫. 学会行动:社会科课程公民教育的理论与实践[M]. 北京:高等教育出版社,2004:74.
③ 郭艳芬. 国外小学社会科课程与公民教育初探[D]. 北京:首都师范大学,2004:38.

或地理在政治、文化中所起的重要作用,就很难理解文化、政治的多元性和经济、社会现实的多变性。可见,这些知识有助于学生认清文化政治、社会现实之间的联系。

学生能从社会课程中获取认识社会的技能和策略来应对社会的多变性,主要包括分析数据资料、比较归纳、归类、运用地图和制作地图、自学能力、自我总结与反思批判性思维以及与他人交流合作等参与社会的技巧和策略。社会课程里的统计图、空间分布图等各种图表生动形象的呈现,使学生分析利用资料能力的得到锻炼,从中得出有用信息来认识社会。这些技能与策略的使用,加强了学生与社会的联系,增强了学生认识社会、探究社会、适应社会的能力。

正是由于社会课程所含学科之多,每个学科都有其独特的观点与视角,所以这些知识与技能的运用则进一步提高了学生的思维能力以及看问题的角度和视野,促进了学生自我发展的实现,也直接影响到学生看问题的态度、角度、深度,这也直接影响到学生作用于社会的行为。

其次,小学社会课程的学习过程能够帮助学生实现自我发展。社会课程的学习十分注重个性发展,旨在帮助学生认识其生存的社会、社会变化的原因和过程、提高其应对社会现实的能力等。而这与公民教育联系起来时,也意味着学生应学会参与社会和群体生活。社会和群体生活的范围可大可小,主要与自身所处的地方和眼界视野有关,可以是一个地区、一个视野范围,甚至是全球。而学生参与的社会与群体生活的活动也就是与自身周围有关的环境与人的社会活动。社会课程的运作过程包括了探寻、价值探索以及社会决策三个过程,①每个学习过程都有助于学生自我发展的实现,有助于学生的个性发展。在社会课程学习中,要想使学生能够积极思考并参与到认识社会、适应社会的过程中来,有赖于个性化的教学指导方式以及学生的"主人公"意识。

教师所采用的教学指导方式也应该因人而异,常见的教学策略有角色扮演、解决问题学习、探究学习、问题与假设等。对于具有思考惰性的学生,可使用问题与假设,以刺激其思考能力。让学生对现有信息,与他人交流,联系自我发现并且评估,最终得出自己的结论。学生通过与他人的交流谈论,完成对

---

① 赵亚夫. 学会行动:社会科课程公民教育的理论与实践[M]. 北京:高等教育出版社,2004:76.

自己的价值观、他人的价值观以及构成社会结构和制度的价值观的检验和澄清。①而在与他人观点、价值观交流触碰的过程中,学生们能够深入地理解社会中不同的价值观和观点冲突,有助于养成包容文化多样性的个性和培养看问题的多元视角。学生能若做到理解和尊重个人、宗教、文化、习俗、性别、价值观等各方面所存在的差异性,则对于学生认识社会、理智公正地看待社会问题有很大的帮助。

学生在社会课程的交流学习过程中也需要有"主人公"意识,能够自主地、积极能动地获取知识,积极听取他人建议来解决所遇到的问题。这种实事求是、穷追不舍而又公正民主的态度和学生的自我认识能力,有助于学生在社会立足。将在社会课程的学习过程中获取的知识和技能运用到社会中时,学生也能怀着理解、关心世界和人类的心态,从人类的福祉角度来做出对社会的长久发展、人类的长远发展有利的选择、决定,这也培养了学生作为一名公民的责任感。

最后,小学社会课程中的福利观念能够帮助学生实现自我发展。作为民主制度中的一名公民,公共福利是其支撑共和国最重要的理念之一,公共福利即社会中所有个人和群体的整体福利。所有人都应有"公民"意识,小学社会课程注重培养学生的公民意识,让他们意识到自身很快就会承担公民的角色,他们将会给公共福利提供支持。而作为个人也应该理解,个人利益是有赖于社会中他人的福利。这也说明应该把高于个人利益的重要事情放在首位,从小培养他们对社会的责任感和服务社会、服务他人的社会意识,增强适应社会的能力,所以可见小学社会课程的开设有助于促进学生社会化进程的良性发展。

综上,小学社会课程的知识技能、学习过程、多角度看问题以及课程中的公共福利,都促进了学生自身在心理、思维等各个层面的发展,为学生正确地认识社会、适应社会创造了条件。

---

① 赵亚夫. 学会行动:社会科课程公民教育的理论与实践[M]. 北京:高等教育出版社,2004:76.

二、加拿大小学社会课程的发展演变

近年来，课程的综合化成为课程改革的一大趋势。综合型社会课程作为公民教育的重要课程、在世界各国中小学阶段普遍开设的一门基础课程，愈发受人青睐。而社会课程并非一门新兴课程，其最早产生于美国，至今已一百余年的历史。加拿大的教育发展由于曾经深受美国的影响，社会课程的起步较早，已经历了一百余年时间。在这一百余年的时间中，加拿大小学社会课程从模仿逐渐形成具有加拿大特色的课程体系。因此，考察加拿大小学社会课程的历史演变，梳理其演化脉络，对于我们分析其小学社会课程现状以及把握课程的未来发展方向具有重要意义。

（一）加拿大小学社会课程的演变历程

加拿大公民教育主要通过一系列的社会课程进行，现如今的社会课程是加拿大小学课程中的一个重要组成部分，是一门被视为提升公民能力、价值观和知识素养的跨学科综合研究课程。它的发展始于 20 世纪初的美国，并在随后几十年的发展中深受美国课程模式的影响，但随着对自身的宪法独立、法语区魁北克的地位变化、与原住民的关系、民权运动特别是多元文化的反思，加拿大的社会课程改革在 20 世纪 60 年代形成了独特的加拿大特色。如今，社会科学和全球化的现代发展正在影响着加拿大小学社会课程，使其具有了新的特点。

1. 小学社会课程的雏形（20 世纪 20 年代初以前）

加拿大的新法兰西殖民时期，政府对公共教育并未给予广泛的支持。正规教育是由天主教会及其分支如耶稣会提供的，但这种教育并不在小学阶段提供。儿童和年轻成年人的教育主要是在家庭中完成的，他们所能获得的指导很少，而且主要是宗教方面的教育。这一时期，公民的文化水平较低，有报告显示，在 20 世纪以前，魁北克法裔加拿大人在 5 岁到 19 岁的入学率竟低于百分之五十。更令人震惊的是，差不多有百分之三十的魁北克成年人是文盲，连一封简单的信都看不懂。①就更没有社会课程相关主题方面的教育内容了。

随着城市化的进程和英国对新法兰西殖民地的征服,带来了英国进步教育的理念,在 19 世纪初,学校教育的概念开始在社会领导层之间普及。②到 19 世纪 40 年代,逐渐形成了官方认可的现代学校系统结构。而在此期间,两个因素促进了公民教育的需求:一是 1837 年叛乱期间,英属北美中部农村的加拿大人民拿起武器追求政治变革,要求获得更多的自主权和主张土地资源的自由。很多社区领袖领导各种起义的论点就是为了培养新一代的公民,这一地区需要学校系统。这一认识推动了像安大略省和不列颠哥伦比亚省这样的地区的历史和公民课程的发展。③二是大西洋和太平洋沿岸省份移民的涌入。来自于爱尔兰的移民涌入了安大略省,而不列颠哥伦比亚省的亚洲移民数量也越来越多。这些原有移民和新移民的相互理解和包容成为研究课题,公民团结教育成为其教育计划的重要组成部分,这些属于社会课程的目标和内容由历史、地理、公民以及其他社会科学课程承担。因为美国是加拿大的地缘邻国,就大西洋一侧的北美洲来说,美国就是加拿大唯一的邻国,所以当时加拿大的历史和地理课程的设置也吸收了大量的美国经验。

这时的历史、地理课程有两个重要的特点:其一,对加拿大本土关注的缺失。课程内容对加拿大本土的历史学习很少,对加拿大的地理也没有给予特别的关注,更多讨论的是与英国的关系,焦点是加拿大在英联邦中的自治权问题。Genevieve Jain 在她的论文《1867 年到 1914 年魁北克的教育和加拿大认知度》中提到:加拿大历史在教学大纲中只占据一个很小的部分,在教完宗教历史后才教。④直到 1890 年,与加拿大有关的历史才开始变得重要。本地爱国主义和

---

① Charland. J. P. L'entreprise éducative au Québec, 1840-1900 [M]. Presses Université Laval, 2000: 349,381.

② Clark.P.The Historical Context of Social Studies in English Canada [J]. Challenges & Prospects for Canadian Social Studies, 2004:17-37.

③Wright, I., & Sears, A.M.Trends & issues in Canadian social studies [M].Vancouver: Pacific Educational Press.1997:18-38.

④ Jain.G.Nationalism and Educational Politics in Ontario and Québec, 1867-1914[J]. Canadian Schools and Canadian Identity, 1977(Gate):55.

作为独立的殖民国家的加拿大的发展,使得对加拿大特色主义的研究不断增加,比如到 1914 年,不列颠哥伦比亚省的高中开始按年代顺序教授不列颠哥伦比亚省、加拿大、罗马和希腊的历史。其二,英法二元冲突开始显现。这一点在法语区魁北克省表现得尤为突出。由公共教育委员会批准发行,由 F.X. Toussaint 编写的加拿大历史教科书,在 1890 版的前言中明确指出"历史的作用就是带着显而易见的爱国情怀,让加拿大在领土拓展上取得的巨大成绩广为人知"。这种渲染爱国情怀的历史地理教学法其实很大程度上在关注法裔加拿大民族的幸存以及使这个地区具有独一无二的神圣的意识形态。①这是通过当时的法裔加拿大人中的英杰来了解法裔加拿大人。而加拿大英语地区则被当成一个独立的帝国主义地区,有着不同的语言、文化和宗教。

此后公共教育在加拿大得到了发展,到 20 世纪 20 年代,大部分的加拿大英语省份和地区都已经官方实行了公共教育体系,而不断增长的对公共教育需求的意识和诸如民主主义、进步主义等教育哲学的传播,推动了加拿大课程改革。为了传授加拿大的公民权和公民学的正确涵义,1900 年至 1919 年,加拿大对历史课的教科书和教学方法进行了改革。其间,受到美国社会课程委员会 1916 年社会课程报告所确立的,以培养具备公民、历史、地理和社会科学知识(例如经济和政治科学)的"好"公民②这一综合社会课程的影响,1919 年不列颠哥伦比亚省小学的低年级将地理和自然课结合在了一起。③1920 年,小学一年级引入了新的加拿大历史和公民课程。虽然这门课程的名称仍为"历史",但其内容已经接近后来取代它的社会课程,小学社会课程雏形开始显现。20 世纪 20 年代,类似的具有小学综合社会课程雏形的课程也开始在加拿大其他省份和地区出现。

2. 小学社会课程的初步发展(20 世纪 20—40 年代)

在加拿大社会课程发展初期,加拿大的社会课程深受进步主义教育运动

---

① Cook, R.Canada, Québec and the Uses of Nationalism [M]. Toronto:McClelland & Stewart, 1995: 85-97.

② Lybarger, M.Origins of the Modern Social Studies:1900-1916[J]. History of Education Quarterly,1983, 23(4):455.

③ Dawson, E.The Introduction and Historical Development of Social Studies in the Curriculum of the Public Schools of British Columbia[D]. University of British Columbia,1982:18-20.

的影响。进步主义教育运动强调以儿童为中心,强调儿童的"完整性","在身体上、情感上、精神上以及心理上获得成长的,……成长的过程是完整的,而不是部分的"。[①]1923年魁北克历史课程就引入这样的理念:历史的学习应该与孩子的心理和生理发展相适应。在这一理念引导下,加拿大广泛设置了活动课程,以分组调查为重点,以活动为导向,围绕一个中心开展一系列有目的的活动,旨在提高学生合作、交流与民主决议的技巧。而社会课程本身包含广泛的内容,通过组织单元与项目进行教学,使得社会课程和活动课程的关系很容易受到青睐,社会课程成为活动课程开展的核心,并随着活动课程的普及在加拿大得到普遍发展。社会课程作为术语首次出现在加拿大省级教育部门官方说明中的时间是1927年。而到了1930年,社会课程在西部省份已是一个常见的课程术语。[②]萨斯喀彻温省于1931年开设这一课程。新斯科舍省、艾伯塔省与不列颠哥伦比亚省、安大略省分别于1933年、1936年、1937年紧随其后。在未来的三年,马尼托巴省、新不伦瑞克省也开设这一课程。[③]到20世纪30年代末,随着"新课程设置"在公立学校系统的引入,几乎整个加拿大公立学校系统的"新课程设置"均引入了社会课程的概念。并在随后的十几年中,得到相对稳定的发展。

在加拿大社会课程初步发展时期,社会课程发展体现出了几大特点。第一,深深的时代烙印。在进步主义教育影响下,加拿大很快开设了社会课程,而且在引入时没有引起太多争议。但是其在发展过程却受到社会政治环境的重要影响,当时加拿大社会压力增加和冲突加剧,包括大萧条时期经济的衰退、法语地区民众的不满、大量移民意识形态的冲击、世界大战战争的阴影等。当时政治领导人主要关心的是社会动荡问题,他们认为学校系统是将新移民和不满的工人教化成遵循英国传统法治社会规则的合适工具。在这种社会背景下,社会课程成为了旨在灌输"正确"的社会价值观和公民义务以及同

① Sears, A.& Wright, I.Challenges and Prospects for Canadian Social Studies[M]. Vancouver: Pacific Educational Press, 2004:8.

② Tomkins, G.The Social Studies in Canada [A]. Parsons, J., Miburn, G., & Manen, M. V.A Canadian Social Studies[C]. Edmonton: University of Alberta Printing Services, 1983:12.

③ Sears, A.& Wright, I.Challenges and Prospects for Canadian Social Studies [M]. Vancouver: Pacific Educational Press, 2004:17.

一性的课程的特定领域。①这使得社会课程无疑成为进行公民教育和价值观教育的最有效的课程载体。比如 20 世纪 30 年代不列颠哥伦比亚省新一届自由党政府的上台,由 C.M. 威尔(C.M.Weir)领导的一批教育改革者在教育部掌权,开始进行"新课程设置"。在这个设置中,社会课程作为创建民主社会的工具,尤其在强调社会合作的价值和尊重民主政治的民间机构方面起到了主要作用。②

此外,在大量移民、城市化以及工业化的社会背景下,生活适应教育、公民教育等主题成为社会课程的重点和主流。如教育公民处理与工业化和城市生活相关的问题,民主国家中正确的社会行为,提供实用教育帮助他们成为国家的合格公民等内容在各省的社会课程教育内容中都有体现。而且各省还采用了不同的、适应各自特殊社会问题的社会课程当作标准。如安大略省引入了"问题"导向的社会课程,更关注如贫困、犯罪以及社会不公等问题。

第二个重要特点是美国模式的痕迹浓厚。从课程理念的传入到课程初步创设,加拿大都将美国的进步教育模式作为基础,甚至在课程开发和教师培养方面也都在美国影响下进行。例如在 1936 年艾伯塔省中级学校研究计划的社会课程部分中,③开发人员就包括了美国社会研究教育领导者哈罗德·鲁格,他广泛地引用弗吉尼亚州的"试探性课程研究",从本质上定义社会研究,并提供了一份关于社会教育研究系列的教师指南改编而成的教学建议列表。1936 年艾伯塔省文件中列出的 20 本参考书全部由美国原创。新斯科舍省的教育杂志出版了许多包括旨在帮助教师加深对进步主义原则的理解的克伯屈在内的美国进步教育家的文章。据估计,1923 年到 1938 年,有 1097 位加拿大教师在哥伦比亚大学师范院校学习。④

---

① Broom, C.A Historical Study of Citizenship Education in British Columbian Social Studies Guides[D]. Simon Fraser University,2007:16.

② Dawson,E.The Introduction and Historical Development of Social Studies in the Curriculum of the Public Schools of British Columbia[D]. University of British Columbia,1982:26.

③ Department of Education, Alberta. Programme of Studies for the Intermediate School and Departmental Regulations Relating to the Grade IX Examination[M]. King's Printer,1936:34,36.

④ Brickman, W.W.William Heard Kilpatrick and International Education[J]. Educational Theory,1966 (16):20.

　　第三个特点是英法二元文化的冲突进一步加剧,国家认同没有一致。魁北克这个时期的社会课程大纲多多少少和在加拿大英语区和北美洲其他地区所进行的新型教育改革不谋而合。1938 年的大纲认为好的教学必须是对学生有效的并能引起他们兴趣的,课堂必须包含生动的故事,还要有课上个人阅读,以及老师为区分一些历史概念而作的解释,如因果关系、历史延续性等。课程学习的焦点不再是单纯的对历史时间的掌握,而更多地关注"智力"的发展(大纲称之为"历史课哲学")。1948 年大纲在很大程度上受到了"以孩子为中心"的理念的影响,鼓励老师们采取更活泼的、适应儿童的教学方法。首选个人活动和小组活动模式,在允许的条件下,给予学生除教科书外的个人阅读资料。①但并不等于说魁北克社会课程中关于历史、政治和宗教观点与英语地区相协调或者相近。原始的双民族国家这个观点不管是在大纲的结构还是教科书的内容上都是根深蒂固的。②Laval 大学的教父就控诉过加拿大英语和法语区的历史教科书涉嫌渲染国家分裂和仇恨心理。他在加拿大历史协会主席报告中宣称:"我们加拿大英法两区的历史教科书分别遵从英法的模式很长时间了。这些都是渲染民族主义的教科书。他们把加拿大英语区和法语区文化因为差异而完全隔绝的思想灌输给学生。如此,我们在这两个民族之间亲手竖起了一堵墙。"③魁北克社会课程教科书关于加拿大的历史仅仅聚焦于法裔加拿大居民的发展和生活,几乎不提及英裔加拿大人的情况,哪怕他们就生活在魁北克市。8、9 年级的历史书内容就是追溯祖先的踪迹,这些祖先创造了这个美丽而广袤的国家——这个信仰天主教并具有浓重法国色彩的国家。11、12 年级的历史书在这方面渲染得更加过分,它们明确表达把英语区和法语区割裂开来,并严辞谴责两个民族之间的通婚,认为这会削弱法裔加拿大人的文化和国家存活意识。这种受分裂滋扰的形势一直持续到 60 年代。法裔加拿大人和英裔加拿大人以从未有过的方式直视彼此截然不同的"加拿大观",这场正面交锋,直接导致魁北克省在 60 年代爆发了

---

① Comité catholique du Conseil de L'Inctruction Publique, Programme d'études des élémentaires:1959 [M]. Québec:Gouvernernement du Québec,1959:495-496.

② Comité catholique du Conseil de L'Inctruction Publique, Programme d'études des élémentaires:1959 [M]. Québec:Gouvernernement du Québec,1959:481.

③ Abbé Arthur Maheux, A Dilemma for Our Culture (Ottawa:CHA/SHC report of the annual meeting, 1949),http://www.cha-shc.ca/bilingue/addresses/1949.htm.2014-09-12.

"平静革命"。

3. 小学社会课程的重新定位(20世纪50—70年代)

20世纪50年代开始,关于进步教育有效性的争论在加拿大多地展开。这次辩论由一位萨斯喀彻温大学的历史教授希尔达·倪脱培发起,她严厉地谴责加拿大的进步教育,质疑进步教育在知识上的盲目性。[①] 她在《如此可怜的加拿大教育的起诉书》(1953)一文中宣称,活动方法就是"由平庸、烦恼、无趣的老师,实施的可以想象的最为无聊、极为僵化、毫无刺激的教学方式"。她对这样的事实感到遗憾,社会研究课程被"既缺乏历史、地理与政治课的经典特色,又没有通常被认为学科内在逻辑的地方、时间和因果关系的安排的方式教授"。她将社会研究课程描述成"进步主义课程是痴迷于灌输的真正典范"。这是因为"一切,当然,服从于无数的目的和理论上必须永远牢记老师的观点"。[②]而此时国际政治气候为那些质疑北美学校课程进步主义语调的人提供了支持。当时,正值冷战期间,1957年苏联发射卫星——史波尼克号,引起了美国对苏联在科学和技术领域的优势的关注。它被视作美国教学落后于苏联的一个结果,一场关于教育的大讨论展开,进步主义教育理论遭到质疑。而此时官方的加拿大教育文件也主张进步主义的哲学理念,所以他们对于此课程也进行了重新思考。

美国著名教育心理学家杰罗姆·布鲁纳在这场大讨论中,发表了《教育进程》小册子,成为随后掀起的学科结构运动的理论指导。其教学思想则立足于结构主义理论,认为虽说不同学科结构或者不同学科体系的知识是独立存在的,却能被构建成一个个连贯的模式。布鲁纳基于此提出每一门学科教学的中心应该是使学生理解和掌握该学科的基本结构,也就是要理解和掌握该学科的基本概念和原理以及二者之间的相互联系和规律。学科基本结构的理解与掌握,有助于学生理解学科的内容并进行知识迁移,理解更深更广的内容。另外,他还指责学校推迟许多核心学科的教学的做法,认为这是盲目地降低教学难度,而这种降低难度的做法是在浪费学生时间。因为他认为任何发展阶

---

① Sutherland, N.The Triumph of 'Formalism': Elementary Schooling in Vancouver from the 1920s to the 1960s [A]//Vancouver Past:Essays in Social History Vancouver:UBC Press,1986:175-210.

② Neatby, H. So Little for the Mind [M]. Toronto:Clarke, Irwin,1953:179,162-163.

段的任何儿童都可以被有效地教授任何学科,即使是小学低年级的学生也有可能在一定程度上理解微积分这样的知识。

布鲁纳的学科结构方法为加拿大社会课程改革提供了凝聚点。这种方法很快就出现在省级课程文件和学校课程的教科书,以及教师培训课程中。因此,此时的社会课程不再是简单地给学生答案,而是向他们提出问题,以鼓励他们通过提供的信息进行思考与努力。采用多媒体方式,既以吸引人的方式呈现信息,又迎合不同的学习风格和能力;以及丰富各种教学策略,包括阅读小册子、观看电影片段、参加游戏和模仿,建立模型。历史材料强调原始资料的使用,因为学生们被鼓励成为微型历史学家。在安大略省和不列颠哥伦比亚省的中学授权使用的两卷本的《创造加拿大人的历史》,使得学生使用原始的源文档,以从事历史学家的任务。教科书以此为开头:

今年,你有机会以历史学家身份从事历史研究。这本书给你提供了一些被目击的过去事件的证据……

在开始,我们给你提供了历史学家会的询问有关图片、地图、目击者的报告等的各种问题。我们期望你"阅读这些证据",得出自己的结论。①

地理内容也受到学科结构运动影响,不管是斯卡菲与两个加拿大地理学家乔治和多琳·汤姆金斯合著了《新加拿大地理》,还是乔治·汤姆金斯和提奥·希尔思的《区域地理》以及多琳·汤姆金斯的《发现我们土地》,所有这些加拿大教科书采用了发现式的方法,让学生使用地图和其他数据源,以便得出结论。

在60年代和70年代早期,学科结构方式也用在了被加拿大大学教育工作者编著的以及教育社会研究课程与教学课程教员使用的教科书方面。例如,《社会研究中的学科教学》和《历史和地理教学:一本建议性的资源书》等著作就是使用这种方法的典范。后者指出"社会课程的主要目的应该是让小学的孩子开始学习思维模式或社会科学结构"。②课本收纳其中的约翰·刘易斯的《明天的教学》和杰弗里·米尔本的《加拿大历史教学》的读物,也反映了这一

---

① Sutherland, N., & Deyell, E.Making Canadian History, Book 1 [M]. Toronto: W.J.Gage,1966: vi.

② Hardwick, F.C.Teaching History and Geography: A Source Book of Suggestions, [M]. Toronto: W.J. Gage,1967: i.

文本的观点。①

　　在此期间,除了布鲁纳的理念外,埃德温·芬顿的探究法对加拿大社会课程发展也产生了深刻影响。芬顿从布鲁纳的理念出发,认为学生应该像学者一样使用学科探究方法,构建调查模型,鼓励作为一系列问题的学科解决。②这种方法在安大略省的社会课程产生了影响,该课程围绕社会问题,而不是围绕社会学学科构建课程。芬顿方法是利用调查程序处理社会问题的第一步,这是加拿大 70 年代最常用的方法。

　　在学科结构运动期间,对于社会课程的综合形态也提出了质疑,开始强调社会课程中的历史和地理作为独立学科进行教学。这种趋势在不列颠哥伦比亚大学的基础教育社会课程安排与教学课程中得以反映。1962—1963 学年以"课程与教学的基础教育社会课程"为标题的教学课程——在下一年的开始时,改为了"历史和地理的课程和教学",此后直到 70 年代中期 1974—1975 学年才重新提出了社会课程,整整一个时代没有出现综合社会课程名称。虽然不列颠哥伦比亚省中学课程指南继续使用社会课程这一术语,但是它是作为一把历史和地理单独课程的保护伞,两者各占一年工作的一半。"形成结合专业……并赋予这门学科实际内容的意义的框架",这一明确的概念列表③,为1968 年不列颠哥伦比亚省中学社会研究课程指南中的历史和地理课程提供了支持。

　　在整个 20 世纪 50—60 年代,加拿大的社会课程从形式到内容到方法都受到了美国的影响,正如一位加拿大的教育家表示,如果你来问我,在这个时刻,在社会课程中有什么新的内容,我会回答说:"阅读布鲁纳和芬顿。"④所以,这一时期加拿大社会课程继续延续着"美国创造"。

---

① Lewis, J., ed., Teaching History and Geography: A Symposium on the Social Studies in Canada[M]. Toronto:Nelson,1969;Milburn, G.Teaching History in Canada[M]. Toronto:McGraw-Hill Ryerson,1972:1-60.

② Osborne, K. A Consummation Devoutly to Be Wished: Social Studies and General Curriculum Theroy [A]//Douglas,A.R., & John, O.F.Curriculum Canada V:School Subject Research and Curriculum/ Instruction Theory. Vancouver:Center for the Study of Curriculum and Instruction,University of British Co-lumbia, 1984:95.

③ Province of British Columbia,Department of Education,Division of Curriculum.Secondary School Curriculum Guide,Social Studies [M]. Victoria:Queen's Printer,1968:13.

④ Bernard, G.H.The National Council for the Social Studies Convention at Cleveland [J]. Exploration, 1967（7）:1.

这一时期的加拿大社会课程也更加强调社会理解,特别是对英法二元文化的理解,希望通过社会课程的学习,使学生理解尊重差异,培养他们作为加拿大人的国家认同感。1961年创建的皇家教育咨询委员会,也就是以其主席名字命名而广为人知的"Parent委员会"。该委员会关注加拿大英语地区和法语地区历史教育存在的差异,认为当英语区的历史书关注公民教育的同时,法语区的历史书,除了Charles撰写的《新法国》之外,都是教义课或者辞藻浮华的布道课。①法语区历史书不仅按照史诗(如英雄主义文学)的形式来撰写,还在本质上只关注他们的能"救人"的国教主义思想。相反地,英语区历史书在加拿大历史方面呈现出更少的个人主观情感色彩,更多地关注泛加拿大发展以及欧洲人和移民在历史长河中的角色。随后,Parent委员会对现行历史地理社会课程进行了修缮,以此来反映魁北克和加拿大社会正在进行的社会、政治以及教学法方面的新发展。在小学阶段,教育部规定所有的历史、地理课程要涉及隶属于社会学科的其他人文学科的方方面面。

而且越来越多的学者也开始关注公民加拿大认同的问题。A.B.Hodgetts在1968年的《公民教育的对比研究》中指出课程的问题:无效的教学法、乏味的学生、有关整体加拿大出版资料的不足、大量无聊相同版本的历史书等。"在这些学校里面,大部分的定型历史课都是过时且基本没用的"。两区历史课程不仅仅"受限于政治、宪法和军事历史",它们也没有试图把过去的事件与当今社会涌现的问题和困扰联系起来。也许最令人头疼的发现就是两区学生接触了两个截然不同的加拿大文化传统的教育。A.B.Hodgetts还提出双语社区的学校教育对促进两区相互理解对方不同的态度、抱负或兴趣方面几乎没有任何贡献。②而20世纪60年代后期与70年代,"平静革命"爆发,从中衍生的加拿大公民教育等问题引起了广泛的关注。其教育变化最终随着1979年政治宣言和行动指南的公布达到了高潮。目前的历史、地理和社会等课程都是

---

① Trudel,M.,& Jain,G.Canadian History Textbook:A Comparative Study [M]. Ottawa:Queen's Printer, 1970:xi.

② Hodgetts,A.B.What Culture? What Heritage? A Study of Civic Education in Canada [M]. Toronto: OISE Press,1968:34.

以这政治宣言和行动指南为基础的。①社会课程的重点不再是教会学生历史思维,而是帮助学生提升对我们所处的世界里的社会、地理、经济和历史事件的理解力,从而尊重差异,形成国家认同。

4. 小学社会课程的特色发展(20 世纪 70 年代后)

如前所述,从 20 世纪 20 年代加拿大社会课程引进开始直到 20 世纪 60 年代其社会课程发展,一直都具有美国的影子,到了 20 世纪 70 年代后,其社会课程发展越来越具有加拿大特色。

首先,从 60 年代末开始,加拿大社会课程开始关注加拿大本国社会研究。以 1968 年,A.B. 霍杰茨的《什么是文化? 什么是遗产?》一书的出版作为此特征的分水岭。它是加拿大社会课程中里程碑式的出版物,从此时开始,加拿大的社会课程开始具有了加拿大特色。该出版物是对美国文化优势和加拿大认同担忧的结果,是由一份历时两年关于国家历史项目中公民教育调查而形成的最终报告。从交谈、问卷、学生论文、课程、学习进程、课本以及其他文献中得出数据,且以两种官方语言对所有省市的 847 个课堂进行访问,霍杰茨在报告中总结加拿大公民教育的状况十分糟糕。他叙述了一幅沉闷的教学画面,学生们遭受着厌倦和不感兴趣的状况,课本提供了按年代顺序不间断的政治和经济发展进程的事件以及乏味的对加拿大过往经历的一致解释。这引起了专业的教育工作者、媒体、学术界和广泛的大众的兴趣,还引发了至少一个省级立法机关的争论和媒体的广泛报道。②随后,霍杰茨提出了一个全国性的加拿大研究合作项目,这个项目将存在于省际间,独立于任何政府或现有的机构,并且可以在许多区域中心运行。以其本人为首位主任的加拿大研究基金会于 1970 年成立,一直持续到 1986 年。该基金会在每个地区赞助项目,它创作超过了 150 种出版物、涉及到在课程发展中的 1 300 名教师和其他教育工作者,同时提供了 30 000 名教师的在职教育。③课程发展项目由三个小组性

---

① Québec (Province). Ministère de l'éducation.L'école québécoise:énoncé de politique et plan d'action [M]. Québec:Gouvernement du Québec,1979:2–25.

② John N.Grant.The Canada Studies Foundation:A Historical Overview[A]. John N.Grant, Robert Anderson, and Peter L.McCreath.The Canada Studies Foundation[C]. Toronto:The Canada Studies Foundation,1986:11.

③ Tomkins,G. S.The Canada Studies Foundation:A Canadian Approach to Curriculum Intervention [J]. Canadian Journal of Educatin,1977 (2):29.

的项目组成,它们分别是安大略省和魁北克省的劳伦项目、涉及每个沿海省份和纽芬兰-拉布拉多省的加拿大大西洋沿岸项目以及涉及四个西部省份的加拿大西部项目。

20世纪70年代和80年代,出现了大量的加拿大社会课程材料。在加拿大研究基金会的主持下进行课程项目开发的同时,省级课程表现出了对加拿大研究和支持这些主题的材料的更多的重视。几乎每个省都承办了各种项目,研发供课堂使用的素材。艾伯塔省利用文化遗产信托基金在土地投资上的金融资源,在这些项目中投入了最多的资金。在1977年,8 387 000美元被投资于艾伯塔省文化遗产学习资源项目。该项目的目标是:

为艾伯塔省学校的语言艺术、社会和科学课程提供额外的加拿大内容学习资源。

为来自艾伯塔省和加拿大其他地区的教育工作者、作家、插画家、图形艺术家及电影制作者才能的展示提供一个机会。

利用可能需要跨省援助的在数量、质量和时间线方面明确认可的项目的出版和印刷的省级功能。[1]

加拿大研究基金会的形成,在基金会和省级政府教育部门主持下的那些加拿大省级社会课程材料的扩散以及省级课程中对于加拿大国家认识越来越多的强调,都反映出反对美国文化霸权的规则和现状。加拿大研究在某种程度上确实在那个时期受到广泛关注。"美国创造"的社会课程开始带上了明显的加拿大色彩。

其次,开始关注社会问题与价值观的教育。70年代中期,学科结构运动在加拿大和美国都结束了。人们认为它过度依赖知识目标和社会科学的学科的调查过程,从而忽视了学生的利益与需要以及社会问题;对于学生而言材料过于复杂;它未能涉及教师在典型材料上的延伸;忽视性别、社会阶层、民族和宗教问题等"隐性课程";许多项目逻辑过于复杂,未能在研究者和教学世界的文化鸿沟上构建桥梁,而教学世界涉及到大量班级、多种准备及经常充满敌意的学生;包括教科书选择方法和出版商的影响在内的政治课程的发展过于单

---

[1] Alberta Education. The Alberta Learning Resources Project (Edmonton: Author, 1978), Quoted in Lorimer, R. Publishers, Governments, and Learning Materials: The Canadian Context[J]. Curriculum Inquiry, 1984, 14(3):292.

一。①70年代的社会研究潮流转向了对价值观教育和社会问题的重视。

此时,加拿大省级社会课程出现了方向的改变。马克斯·范·梅南和吉姆·帕森斯将70年代与80年代之间的许多加拿大社会课程分为了四个新的项目类型,分别是社会重建和反思意识、道德教育和估值过程、环境教育和社会问题建议,以及加拿大研究和公民教育,这些类型都有社会问题的成分存在。②在实践中,大多数加拿大社会课程并没有作为这些项目类型中哪一个进行明确定义,而是强调两个或多个类型的不同程度的混合。1981年的艾伯塔省社会课程就是这种混合方式的代表,它包含社会重建和反思意识、环境教育和社会问题、加拿大研究和公民教育等项目类型的元素。这个课程将社会研究定义为:"这是一个学生学会探索,在哪里可以解决公众与个人关注的社会问题的学校学科。"③每个年级的内容围绕三个主要问题组织(11、12年级两个)。同时,该课程鼓励教师帮助学生参与他们所能做出的与这些问题相关的决策的实际应用。虽然问题可以与地方、省份、国家和世界的情况有关,但重点总是加拿大。安大略省教育研究机构开发的加拿大关键问题系列(也称为公共问题项目),仿照了哈佛大学的高中公共问题教学的研究项目,被"改头换面加入加拿大的内容"。④例如,加拿大与美国关系、法语加拿大地区的分裂主义、管理方式和加拿大社会中妇女的地位等主题。其课程目的被描述为:"该计划基本上有两个目标。第一是通过重大社会冲突问题来积极讨论社会,学生了解他们所生活的社会。第二,这种做法实际上与第一个目标分不开,是使学生掌握那些必要的分析、讨论和解决这类冲突或问题的技能。"⑤加拿大研究基金会赞助了由不列颠哥伦比亚省的

① Massialas, B.G.The"New Social Studies"—Retrospect and Prospect[J]. The Social Studies, 1992(100), 246–250.

② Max, V.M., & Jim, P."What Are the Social Studies?"[A]. Jim, P., Geoff, M., & Max, V.M.A Canadian Social Studies [C]. Edmonton:University of Alberta Faculty of Education, 1985:2–11.

③ Alberta.Education.Alberta Social Studies Curriculum [M]. Edmonton:Author, 1981:1.

④ Osborne, K.A Consummation Devoutly to Be Wished:Social Studies and General Curriculum Therory [A]. Douglas, A.R., & John, O.F.Curriculum Canada V:School Subject Research and Curriculum/Instruction Theory [C]. Vancouver:Center for the Study of Curriculum and Instruction, University of British Columbia, 1984:95.

⑤ Paula, B., & John, E.The Canadian Pubic Issues Program:Learning to Deal with Social Controversy [J]. Orbit 6, 1975(12):16–18.

大学在80年代研发的《加拿大公共问题：课堂教学的可能性》的素材，该教材以问题为导向，包括《工作生活质量》《多元文化经历和自由贸易》等小册子。①大西洋中心的加拿大研究基金会出版了一套以认识加拿大环境为标题的小册子，用于考察加拿大的物质、文化和政治环境。这一系列的册子包括《加拿大：加拿大发展资源的挑战》《加拿大：人权：自由的基础》《加拿大：人权和法律》等。所有这些资源为学生提供了当前加拿大社会问题的分析和讨论的研究案例。学生被要求在这些问题上探索各种观点，并在自己的立场上得出结论。整个70年代，加拿大社会课程对美国的官方关注较少，并十分重视加拿大教科书出版的发展。

第三，重新重视公民教育。虽然加拿大社会课程诞生之初，就重视公民身份认同的内容，但五六十年代学科结构运动的影响，使得社会课程从以前关注公民身份向更多关注社会科学学术的重心转变。到了20世纪80年代，随着全球化和区域多元化的到达，加拿大公民教育重新得到重视，特别是培养多元文化中积极主动的公民和具有全球眼界的世界公民提上社会课程日程。这种公民教育有时会通过社会课程的政治内容得以实现，如奥斯本的《政治教学：给教师的一些建议》。②这种政治教学的一个组成部分是社会活动。1981年艾伯塔省的课程纳入了探究模式的第七步概念——"决策实施"，鼓励学生"创建一项实施决策的行动计划"（例如，改善学校或教室环境的努力；在密切的人际基础上为社区群体提供服务；或积极参与政治进程）③。1985年马尼托巴的课程，也涉及了为老人服务的志愿活动或政治活动参与的社区参与活动。纽芬兰的课程提到"强调转变被动学习知识的需要"。安大略省的常规课程包括了参与家庭或学校集体的服务活动，以及有关全球的或全球性环境问题的活动等内容。

最显著的变化是魁北克省对社会课程公民认同的反思。20世纪90年代，魁北克许多有分量的组织和评论员严辞批评现行的社会课程，因为这些大

① Donald.C.Wilson.Public Issues in Canada：Possibilities for Classroom Teaching[M]. 14 vols.Vancouver：Faculty of Education，University of British Columbia，1984–1988.

② Osborne，K.The Teaching of Politics：Some Suggestions for Teachers [M]. Toronto：The Canada Studies Foundation，1982：2–30.

③ Alberta.Education.Alberta Social Studies Curriculum [M]. Edmonton：Author，1981：9.

纲所采用的角度充满反魁北克或者支持魁北克等民族独立腔调。①在这种形势下,教育部委派了一个特别小组去研究 20 世纪 90 年代中期魁北克学校社会课程教学状况。特别小组在进行了多次公共听证会、与大量教育和社会方面的专家开会以后,提出了以下问题:

历史课应该怎么处理? 一个国家的历史无非就是些至关重要的时刻,这些时刻使得历史呈现的角度一致化:美国独立、法国革命还有德国统一。为什么呢? 因为这些国家都在试图回答这个"身份"问题:作为一个美国人意味着什么? 作为一个法国人意味着什么? 作为一个德国人意味着什么? 在魁北克,各种各样的历史时刻的重要性是随着以下问题的答案改变的:作为一个加拿大人意味着什么? 一个法裔加拿大人呢? 英裔加拿大人呢? 来自魁北克的人呢? ②

特别小组随后建议:具有历史意识和公民意识等内容的社会课程应该在课程大纲中占据更加显赫的位置,不仅仅是建立国家荣辱观的工具,而是帮助培养具有越来越不同的少数民族背景的学生成功融入社会,并积极参与建设其民主未来的能力。1996 年特别小组向教育部递交了最终的调查报告,这份长达 78 页的调查报告为发展新型的社会课程纲要奠定了基础。1998 年政府在跨文化教育报告中这样承认:"目前为止,还没有相应的公民意识课程来激励学生积极参与社会建设,或者帮助他们培养与多元化社会相协调的公民意识。负责解决这个问题的项目目前还没有实质性进展。对文化多样性的关注也没有在大纲中体现出来。后果就是拥有不同文化背景的学生在特定的学习环境下可能会迷失自我,不利于他们归属感的形成。"③

Robert 在他的对中学学生的研究中发现,大部分学生在学习了社会课程以后依然对历史持有十分固化的观点,将历史等同于史实的重述,他们认为出了教室,历史就几乎没有用处。并不出于意料的是,他把学生的这种消极观念和学生课上所接受的上课模式联系起来。他指出,这种教学模式,在传统的授

① Sears, A.& Wright, I.Challenges and Prospects for Canadian Social Studies[M]. Vancouver:Pacific Educational Press, 2004:66.

② Task Force on Curriculum Reform, Reaffirming the Mission of Our Schools [M]. Québec:Gouvernement du Québec, 1997:34-35.

③ Ministère de l'éducation du Québec, A School for the Future:Policy Statement on Education Integration and Intercultural Education [M]. Québec:Gouvernement du Québec, 1998:12.

课和教科书上占据了主导地位,只是一味地为旨在考察历史知识的全国年终考试做准备。[①]其他研究学者指出,尽管现在的社会课程具有更大的包容性,也没有深厚的民族主义思想了,但是大部分的法语区学生还是坚持学习魁北克民族历史史实,认为这些史实让作为魁北克人的他们产生主人翁的优越感和成就感。上述两类情况,无法确定这些学生是否在教室内外都被培养了加拿大国家观,因为有包括媒体在内的许多其他因素会影响他们的思维。在这样的背景下,教育部于2000年到2001年颁布了新的建构主义教学大纲,先在小学阶段,接着在中学阶段运行。[②]从这份课程标准开始,魁北克的学生从小学开始都要上历史地理和公民意识等内容的社会课程,这使魁北克成为第一个如此重视公民意识教育的省份。

另外,社会课程出现加拿大特色还体现在加拿大社会课程学者话语权的加强。在80年代后期和90年代早期,加拿大学者也在各自的领域中为社会课程理论做出贡献,而非如以前长期由美国学者把持社会课程的话语权。如1984年在《历史与社会学科老师》的国家社会研究杂志上由杰弗里·米尔本所做的专题调查,显示了之前的在工人阶级史、多元文化、相关的古代史、经济教育、定量方法、人权、社会研究、价值观教育等领域的贡献。米尔本也提到了一些主要的专著,如贝内特有关组织加拿大历史的、保拉·伯恩和约翰·艾森伯格有关社会问题的、基兰·伊根有关教育发展的、唐纳德·C.威尔森有关加拿大研究的、J.A.罗斯和F.J.梅恩斯的关于问题解决的以及迪恩·伍德的有关多元文化主义方面的作品。

纵观加拿大社会课程教育与社会课程发展史,社会课程在公民教育中都发挥着作用。从最初进行的社会教育、道德教育和爱国主义教育作用,到理解、尊重异文化,继承种族或民族传统的作用,到如今,社会在面对国际竞争、政局巨变的严峻形势下,注重能力培养,关注社会现实,培养21世纪合格的公民自然成为社会课程的要务。除知识传授之外,社会课程试图成为改进社会的重要工具。

---

① Sears,A.& Wright,I.Challenges and Prospects for Canadian Social Studies[M]. Vancouver:Pacific Educational Press,2004:67.

② Sears,A.& Wright,I.Challenges and Prospects for Canadian Social Studies[M]. Vancouver:Pacific Educational Press,2004:67.

（二）加拿大小学社会课程历史演变的特征

从加拿大社会课程的历史演变,我们可以清楚地看到,在现代意义上的社会课程诞生以前,虽然从课程伊始就进行了关于社会课程方面的探索,但真正符合现代社会课程内涵的社会课程建立却是在他国的影响下发展,并随着社会环境和国家认同的需要,演变为具有加拿大特色的社会课程体系。

1. 从引进模仿到建立本土化课程体系

加拿大的社会课程发展之路,经历了由引进模仿到本土发展的过程。1867 年,加拿大建立自治省,才成为一个现代意义上的国家。但因其是法国及英国殖民地的国度,到 20 世纪初期,拜占庭君主式的影响依然笼罩在加拿大,所以其宗主国的"遗传基因"决定了加拿大早期的教育状况必然呈现出某些明显的殖民地特征。因此,加拿大早期的中小学课程设置,也仿效了英法的教育体系。自 20 世纪 20 年代以来,美国文化对加拿大产生了重要影响,加拿大的中小学课程设置有了美国影子,而美式创造"社会课程"也开始在加拿大的公共学校系统中出现。50 年代开始,受到学科结构主义和新社会课程运动的影响,加拿大的社会课程越来越多地注重学科结构的教学,对社会课程内容体系和课程结构均进行了调整。从 70 年代开始,由于对自身多元社会背景的重新认识,加拿大研究开始贯穿整个社会课程的设置中,开始形成了以培养加拿大身份认同及具有全球视野的加拿大好公民为目标的社会课程,各个省都形成了各具特色的加拿大社会课程,并作为中小学重要课程体系的一环存在,成为加拿大小学生的必修课程。

而且就课程形态而言,加拿大小学社会课程也经历了单纯模仿到自我认知的过程。加拿大的小学社会课程诞生本身就受到了美国进步主义教育活动课程的影响,在美国诞生了社会课程以后,加拿大的小学也合并了历史、地理课程,开设综合型的社会课程,这种综合课程形态就在加拿大的小学公共教育领域生根发芽,所以可以说,加拿大小学的社会课程从起步伊始,便遵循了当时美国所追求的综合课程方式。虽然在五六十年代受苏联卫星上天的刺激,北美地区更加强调学科结构的重要性,加强了历史、地理等分科内容的学科结构学习,出现了关于历史、地理分科教学的争论,但综合形态的小学社会课程依然存在。到了 70 年代以后,加拿大教育学界普遍认同儿童的社会生活与认识具有整体的、具体性的、非学科且易变化的性质,综合性学习更符合学生的这些认知特点,认为课程的设置应该遵循了儿童的这种认知特点。所以,加拿大综合型的小学社会课程在全国绝大多数省份得以巩固,并直到现在依然坚持。

2. 社会环境影响社会课程的发展

人类传统教育的知识体系如语文、数学、自然等,是从原有的学校学科体系中分化、统整出来的新课程;而社会课程则是以城市化为代表的近代文明社会的产物,一开始就定位在现实的社会问题上,传承的是当代社会主导的价值观念。因此,社会课程必然受社会环境的制约,国家与社会时局的变化对其课程设置及教育宗旨会产生显著的影响。从加拿大社会课程历史演变中,可以看出独立民主的社会环境对于社会课程内容的设置有着重要的影响。

加拿大在新法兰西殖民时期,社会课程内容主要就是宗教方面的教育。随着英国统治时期的来临,英属北美中部农村的加拿大人民拿起武器追求政治变革,同时,城市化进程加快和大西洋、太平洋沿岸移民涌入,城市化问题和移民问题的加剧,使得公民团结成为加拿大教育主题。因为受到殖民统治的影响,加拿大人在很长的一段时间里都在追求国家认同,期望实现加拿大移民享有同本土公民同等的法律地位、权利和责任,建立一个能够重塑国家身份、增强国民凝聚力的公民制度,主要包括四方面要素:生活要素方面,要有作为一个自由公民应该享有的必需权力;政治要素方面,要有参政议政的权力;社会权力方面,要能够享受国家应提供的经济福利和社会保障等;道德要素方面,要成为符合当下国情需要的合格的好公民。[①]与之相应地,社会课程目标重点关注国家认同问题,逐步认识到文化多样问题。在课程内容设置上,更侧重于"让新移民理解和接受加拿大的生活方式、生存状态,形成稳定的归属感;

① Helen McKenzie. Citizenship Education in Canada[EB/OL]. http://publications.gc.ca/site/eng/browse/topDownloads.html, 2014-06-09.

让本土加拿大人对新移民形成真诚的认同感"①的内容。

到 20 世纪 70 年代初期时,随着移民成分的逐渐多元化和少数民族意识的不断觉醒,加拿大成为世界上首个采取多元文化主义政策的国家。这种"差异的公民资格"观主张差异的公民认同、族群权力和公民道德。②希望通过承认公民在各个领域的差异性来实现差异政治的理想,以此确保各族裔群体独特的利益与权利,进而逐步缓解因差异性而带来的各种冲突。此时社会课程的主要任务是提高公民对社会的关注度,以及观察社会、分析社会的能力,"了解时下社会和社会存在的问题等知识,有志于实现公共利益,支持多元主义,掌握帮助社区、国家和世界变得更好的技能"。③课程内容的侧重点不仅仅是强调对文化多元性的认知,更重要的是关注能促进学生掌握适应社会的相关技能内容,以加深学生志愿服务社会、关注和参与社会的程度,使其能够更自信地、积极地参与到社会生产生活中来。

80 年代以后,随着《权利与自由宪章》的颁布和多元文化主义政策的改进,加拿大的社会课程内容视角不再仅仅局限于维护本国文化遗产和肯定文化的多样性,而是在努力确实保证全国国民在政治、经济和社会上完整地、全方位地享有公平参与和机会平等的权利,强调推广加拿大平等、包容、完整和尊重的价值。这一时期的核心词汇主要是"自由、公正、正当程序、差异、法规、多元和忠诚"等。④社会课程开始侧重于如何提高学生对自身公民身份的认同感,如何教会学生与他人、家庭、社会和谐相处,如何教授公民适应社会各个方面所必需的技能和态度。

90 年代后,随着多元文化社会的发展和国内外局势的变化,加拿大社会课程再次强调公民认同、国家认同以及加拿大安全,把培养主动的、负责任的、积极参与公共生活的公民作为课程总目标。

综上所述,社会课程是随着特定的社会环境变化而做出改变,社会环境是

---

① Joshee,R.Citizenship and Multi-cultural Education in Canada [A]. James,A.B.Diversity and Citizenship Education:Global Perspectives [C]. San Francisco:Jossey-Bass,2004:132,140.

② Melissa S.W.Justice Toward Group:Political Not Juridical[J]. Political Theory,1995(1):67-91.

③ Sears,A.,& Hughes,A.S.Citizenship Education and Current Educational Reform[J]. Canadian Journal of Education,1996(2):123-142.

④ Joshee,R.Citizenship and Multi-cultural Education in Canada [A]. James,A.B.Diversity and Citizenship Education:Global perspectives [C]. San Francisco:Jossey-Bass,2004:144.

社会课程发展的基础,只有在一个独立民主、和谐、接纳的社会环境中,社会课程才能得到真正的发展。

3. 社会课程承担着培养合格公民的历史任务

从社会课程诞生以来,其上位目标就是公民教育,即以培养、提升学生的公民基本素质为主旨,以学生价值观的养成为核心,以学生认识社会为基础进行课程设置。从加拿大社会课程的历史演变不难看出,课程社会承担起了培养合格公民的历史任务。而且随着社会发展,特别是在全球化进程加快之后,国家间许多社会问题的"趋同性"更加明显,即常说的"全人类面临的共同问题"。在这种情况下,社会课程的教育空间不断扩大,加拿大的社会课程开始关注培养具有国际视野的合格公民。

加拿大特定的历史和文化使得其社会课程在 20 年代末期诞生之初就是一门灌输社会价值观和公民义务以及国家认同的特定课程领域。这是因为加拿大长时间处于文化马赛克状态,使得文化也呈现出多样化的状态。加拿大"连历史也是分割的",加拿大有着早期盎格鲁–撒克逊的英格兰主义、英法双元主义和土著文化、移民文化等等文化形态。①所以,由于加拿大这种族群的差异、移民的多样、文化的多元,加拿大人始终面临着身份认同的危机,而这种模糊的国家认同不符合国家共同体的需要,它迫切地需要社会形成族际认同与国家认同的整合,实现加拿大人"我是谁"的归属感和"成为一个加拿大人意味着什么"的责任感。而这些内容的教育在加拿大主要就由社会课程进行。但由于加拿大的课程内容受到宗主国的影响,第二次世界大战前"加拿大作为一个国家的历史却难觅踪迹"。②所以在随后的几十年发展中,加拿大国家认同和多元文化一直贯穿其社会课程的始终,目的就是要培养具有加拿大国家认同的"好"公民。

4. 社会参与促进加拿大社会课程迅速发展

在加拿大社会课程的历史发展过程中,社会力量的参与是其社会课程建

① Talor, C.Reconciling the Solitudes: Essays on Canadian Federalism and Nationlism [M]. Montreal and Kingston: MeGill-Queens University Press, 1993:25.
② Richardson, G.H.The Death of the Good Canadian: Teachers, National Identities, and the Social Studies Curriculum [M]. New York: Peter Lang Publishing, Inc., 2002:51-86.

设的一大特色。除了国家和省的干预外,来自社会力量的参与也为社会课程发展做出了积极努力,特别是来自民间的公共领域,包括教育理论研究者和基层实践者,甚至是社会各界的团体和仁人志士都积极参与社会课程的课程决策。魁北克省的皇家咨询委员会对省社会课程政策的制定发挥影响;加拿大研究基金会直接为社会课程资源的开发提供经费支持;另外教育界学者对社会课程的反思与批判直接为社会课程的发展提供理论支撑,倪脱培等学者对进步主义影响下的社会课程进行反思,使得社会课程关注学科结构的作用;A.B. 霍杰茨的报告成为加拿大畅销书,促使加拿大全民对社会课程的大讨论。社会领域的参与,保证了社会课程话语权的多元。

总之,教育有其自身的特点、价值和规律,办教育不仅要遵循教育外部关系规律,更要遵循教育自身的规律。发展教育需要从历史或经验中积累丰富的体验,并及时提升理论空间,进而及时的指导实践。没有理论支撑的教育实践往往是社会外部力量的驱使,不能满足教育发展的需求。

加拿大的社会课程如上所析,是在美国民主主义和经验主义的影响下开始借鉴而发迹,但其社会制度长期稳定、经济发展较快,在借鉴美国教育理论的基础上,从教育实践活动中内生出层出不穷的课程理论对社会转型中的人格塑造和培养进行分析与认识,并逐渐形成自身的逻辑,运用于加拿大社会课程建构的实践上,这使得加拿大社会课程实践在进行批判的基础上形成反思成为可能,也就促进了课程的本土化发展。同时,也由于加拿大稳定的社会环境,社会课程实践具有历史连贯性,课程在实践中积累了丰厚的本土经验,每一次课程改革都结合理论指导与实践经验而展开,使课程的逻辑发展与其国内情况相协调。所以加拿大社会课程在借鉴的基础上快速形成了自身的课程模式和理论基础。

三、加拿大小学社会课程的课程目标

　　课程目标是根据教育宗旨和教育规律而提出的课程的具体价值和任务指标。[①]它是在国家教育目的和教育方针的指导下,对一门课程学习总体上的要求,是该课程及其教学活动的蓝图,对于课程实现有重要意义。明确社会课程的课程目标,有利于社会课程范式的实践规范在课程目标上的制度化体现。而课程目标在课程设计与开发的过程中将转化为具有可操作性的课程标准,是对课程实施过程和课程评价的基础范本。它不仅明确了课程发展对学生的价值培养,还确立了教学内容中的比例以及它们在课程结构中的不同地位。[②]所以,要了解加拿大小学社会课程的内涵,就有必要分析其课程目标。本章将围绕加拿大小学课程目标进行深入分析,就课程目标结构、目标具体内容和目标表述方式进行阐述,分析加拿大小学社会课程目标体系的特色。

(一) 加拿大小学社会课程的目标体系

　　加拿大是一个联邦制国家,没有全国统一的教育制度,由各省自行设立教育部负责管理全省的各级各类教育工作。但是经过对加拿大全国范围之内的十个省及三个地区课程文件的整理,发现种族和地域等原因,部分省份和地区采用同种社会课程文件。如纽芬兰-拉尔拉多省、新斯科舍省、新不伦瑞克省以及爱德华王子岛实施的都是大西洋西岸课程文件[③];而育空地区则按照不列颠哥伦比亚省文件设置课程[④];努纳维特地区又与西北地区使用同一套课程文件;其余五个省份包括阿尔伯塔、萨斯喀彻温省、马尼托巴省、安大略省以

① 王本陆. 课程与教学论[M]. 北京:高等教育出版社,2009:61.

② 钟启泉,崔允漷,张华. 为了中华民族的复兴,为了每位学生的发展——《基础教育课程改革纲要(试行)》解读[C]. 上海:华东师范大学出版社,2001:58.

③ Foundation for the Atlantic Canada Social Studies Curriculum [EB/OL]. http://www.gnb.ca/0000/publications/curric/social.pdf,2006,2014-12-30.

④ Social Studies K to 7, http://www.bced.gov.bc.ca/irp/course.php? lang=en&subject=Social_Studies&course=Social_Studies_K_to_7&year=2006,2014-12-30.

及魁北克省虽各自有本省的课程文件,并未和其他省份或地区执行同一的课程文件,但其各自的文件内容仍具有很大的相似性和互通性,均将社会课程作为其公民教育的基础。所以,可以说加拿大在全国范围内采取的是相似的社会课程教育以进行公民培养。我们将重点以东部的魁北克省、中部的安大略省和西部的不列颠哥伦比亚省的小学社会课程文件为重点分析对象,分析总结加拿大小学社会课程的目标结构、目标具体内容和目标表述方式。

1. 培养加拿大"好"公民的总目标

加拿大非常重视小学阶段的社会课程教育,把其作为小学教育阶段公民教育的核心课程和主要方式。他们认为,人生来就具备探究和理解周围世界的愿望;就算是儿童,他们对世界也有自己的认识;在与周围世界的密切接触的过程之中,儿童学会探究,学习理解。而社会课程相较于其他课程的优越性体现在,一方面能够利用十分丰富的课程资源,尽可能地帮助儿童理解和体验社会,为其成长为一名具有社会责任感的公民奠定基础。另一方面,能够理解在现有民主制度之下,全球化格局之中,作为一名社会公民的角色、职责和权利。除此之外,通过理智决策,参与并推动民主进程;充分尊重自己和他人的价值和尊严。

鉴于对儿童成长发展的理性认知,加拿大在小学阶段的社会课程把课程目标定性为培养加拿大"好"公民。并且对好公民做出定义,认为好公民在当前的社会和问题面前应具有自己的见解;能积极热心投入于公益事业;支持并扶植多元化社会发展;能亲身参与让社区、国家甚至扩及使整个世界变得美好的建设中。[1]即在多元文化主义政策背景下,加拿大小学的社会课程主要着力于培养拥有社会责任感和国家认同感,尊重个体间的差异,拥有责任心、包容性,积极参与多元化文化社会的发展建设中社会公民。通过对各省课程文件的归纳不难看出,加拿大全国范围内实行的是一种共通性的公民教育形式。这种共通性体现在要把学生培养成为适合加拿大社会的合格公民。[2]培

---

① Sears, A., & Hughes, A.S.Citizenship Education and Current Educational Reform [J]. Canadian Journal of Education, 1996(2):123-142.

② Bhola, H.S.L, Literacy for Survival and for More Than Mere Survival [Z]. Geneva:International Bureau of Education, UNESCO, 1990:7-8, 13-14.

养"好"公民的课程目标在各个省的课程文件中都有体现。

不列颠哥伦比亚省提出社会课程目的是培养有思想的、负责任的、积极的公民,这种公民能获得必要信息并从多角度进行思考以做出合理的判断。在通过社会课程的学习后,学生能够做到:在家庭、社区、全国甚至是世界范围内,都能理解和充分行使自身的角色、权利和责任;尊重人类的平等和文化多样性;对曾经塑造过并且会继续塑造加拿大社会的,甚至是全世界国家的历史和地理知识形成理解性和欣赏性的认知观点;发展自身所需的技能和思维能力,以此成为一个在自己社区善于思考的活跃公民,并成为一个全球公民。①

安大略省小学社会课程愿景提出,要使学生在所属的多元社会中成为负责任的、积极的公民;也要培养学生成为能够全面思考、见识广阔的公民并且培养学生分析问题、解决问题的能力,使其拥有与人沟通、协作判断的技能。包括提高用"学科思维概念"调查问题、事件和发展的能力;提高决选适当标准来评估信息和证据,并做出判断的能力;发展特定学科所需的,且能被迁移到生活中其他领域的技能和个人素质;建立协同合作的工作关系;运用合适的技术工具收集并分析信息,解决问题,实现沟通这五个总目标。②

魁北克省认为虽然儿童的理解力,既不像成人那样成熟,又不如成人那般深刻,但这种理解能力也不应该被减少到只是对事实的记忆,所以小学社会课程目的在于引导学生初步理解其周围世界的社会、地理和历史的发展方向。通过首次对其周围世界的匆匆一瞥,使儿童学会去判断、识别某些现实,更为重要的是学会去自己思考,并把他们的视野开拓到一个等待探究的世界的许多方面和价值观念上去。社会课程的总体目标旨在通过获取知识、培养技能和情感来教育儿童。在结束学习时,使儿童获得一种对其环境的初步理解,能明确地表述自己的问题,并开始清楚、明白地表达自己的看法。③

---

① Ministry of Education, Social Studies K to 7, Integrated Resource Packages [S]. British Columbia, Canada, 2006:11.

② Ministry of Education, The Ontario Curriculum, Social Studies, Grade 1—6; History and Geography, Grade 7—8, (revised)[S]. Ontario, Canada, 2013:6.

③ Ministry of State for Education and Youth, Québec Education Programme [S]. Québec, Canada, 2001:185.

2. 构建分类分级的目标体系

加拿大小学社会课程在总目标的指导下,形成了纵横相交的分类分级目标体系。在横向维度上,都承认合理有效的公民教育需要帮助学生汲取知识、技能和性情三类目标。在纵向层次上,加拿大的小学社会课程的层次性明显,总目标下设学段(主题)目标,再向下设置了具体标准。

(1)横向的三维目标

1982年,在加拿大教育部长委员会对各省的社会课程调查结论中指出,社会课程在任何省市地区都肩负一个共同的目标,也就是"不仅要为学生提供知识、技能、价值观等方面的学习内容,还要让他们具备在面对不同的社区、国家甚至世界的变化时,能够有效地参与其中,并主动承担自身责任的能力。"[①]注重以促进个人全面发展为目的培养合格的加拿大公民。具体可归纳在知识、能力和价值观三个维度里面。

①知识维度

"知识是学生通过学习体验获得并且用于贡献世界的信息,主要包括:对事实、观念的知晓和对事物的理解及认同等。"[②]通过社会课程,学生可以学习有关世界各地的地理、历史、政治、经济和文化等方面的知识。学生具备更为开阔的国际视野,帮助学生成为全球公民;社会课程还让学生了解加拿大的传统文化和其他多元文化元素的构成,增强其对国家的认同感,从而维护本土文化和民族利益;了解加拿大的居民构成和历史发展状况,加强对本国双语文化环境的认同以及对土著民等少数民族文化价值的肯定;并在此文化背景之下,充分地认识自身的权利和义务,了解需要承担的社会责任,同时积极投身于社会实践的服务中去;了解社会所面临的机遇和挑战,加深对加拿大境内各民族的认识;让学生理解家庭、社区和国家三者之间的关系,加强学生对国家体制特色的了解,鼓励促进学生参与社会活动。通过学习多方面的知识内容,使学生对世界、国家、社会、社区和家庭形成全面的认识和理解,增强学生对本国文

① Redden.Social Studies:A Survey of Provincial Curricula at the Elementary and Secondary Levels[Z]. Council of Ministers of Education Canada,Toronto,1982:4.

② Susan, E.G.Teaching Social Studies in Elementary Schools:A Social Constructivist Approach[M]. Toronto:Nelson Education Ltd,2009:84.

化的认同、自觉维护本民族的利益,并且积极主动地投身于社会服务之中。社会课程通过对知识全面性和系统性的建构,致力于给学生的未来发展打下坚实基础。

②能力维度

"能力被认为是对知识的应用和对问题的解决的技能,同时也是学生实现愿望的基础,其中包括社会交往能力、学习研究能力、团结协作能力以及知识运用能力等。"①人是在社会中得到发展和成长的,基于这样的认识,学生应该学会尊重他人,形成良好的自我约束和有效沟通的能力;拥有一定程度的社会敏感度,能够在这个过程中对自我和社会进行积极的质疑和批判,能够逐渐具备综合运用历史、地理等相关的学科知识,对国家、社区、家庭之中存在的诸多问题展开分析并设法解决的能力;具备进行高效率学习的能力,在原有知识的基础上形成反思并加深认识,同时也应该具有能够独立开展问题研究和问题批判的能力;具备优秀的交流沟通的能力,能够在团队合作中提出有效意见并减少冲突和差异;可以及时发现现实生活中的各种问题的能力,并对这些问题的发展方向形成假设,能够在此基础上积极的思考,提出有效解决问题的方法;可以综合运用多种方式方法,有效分析处理数据,合理整合各种不同观点,清晰表述自己的观点立场的能力。各种能力的培养,是学生能够合理运用自身全面知识的关键所在,加拿大在设置中小学社会课程的过程中,尤其注重批判性思考和创造性思维两方面能力的培养。

③价值观维度

"价值观维度主要涵盖学生对事物以及对自身行为的态度、观念和价值选择。中小学学生的价值观很大程度上形成于课堂上和他人的交流之中。"②在加拿大社会多元的文化背景之下,学生既要热爱本民族文化传统,又要尊重其他的民族传统,尤其是各少数民族文化和弱势民族文化;加强对国内各种族的理解和欣赏;尊重加拿大社会多样性的文化,树立人人平等的观念;更加尊重加拿大土著民族和法裔种族,更加赞同多元文化的形势和现有的经济、政治、

① Susan,E.G.,Teaching Social Studies in Elementary Schools:A Social Constructivist Approach [M]. Toronto:Nelson Education Ltd,2009:82.

② Susan, E.G.Teaching Social Studies in Elementary Schools:A Social Constructivist Approach [M]. Toronto:Nelson Education Ltd,2009:83.

文化形势,从而增强对家庭、社会乃至于整个国家的认同感和归属感,使公民能够更好地认同国家、认同社会,能够对人类和全球化趋势等形成更深入的认识。

(2)纵向的层级目标

对于不同年龄和不同年级的学生,其认知能力和水平有一定的层级差异。加拿大小学社会课程目标的一个显著特征是在横向维度的基础上,非常重视目标的垂直分层,通常在总体目标的指导下,还按照学科主题或年级(循环)提出了分目标,并在分目标下设置不同的学习水平,形成了适合学生年龄发展特征的、递进的学习预期成果要求,每一个不同的学习成果都具有一系列的指标来表明能够获得该成果所需要达到的水平,这具有很强的教学指导意义和评价功能。本书将从不列颠哥伦比亚省、安大略省和魁北克省的目标体系对加拿大的小学社会课程层级目标进行说明。

不列颠哥伦比亚省在总目标下,围绕五大主题轴内容提出了具体的、进程性的目标;然后在"规定的学习成果"单元,以学生的年级阶段为依据,列出不同阶段的"预期学习成果",即期望该阶段学生达到的、进程性目标,(按照年龄、年级阶段的不同,分别列出的学生"预期学习成果",就是期望学生达到的、阶段性目标)总目标和进程性目标构成了其社会课程教育目标体系①(图 3-1)。

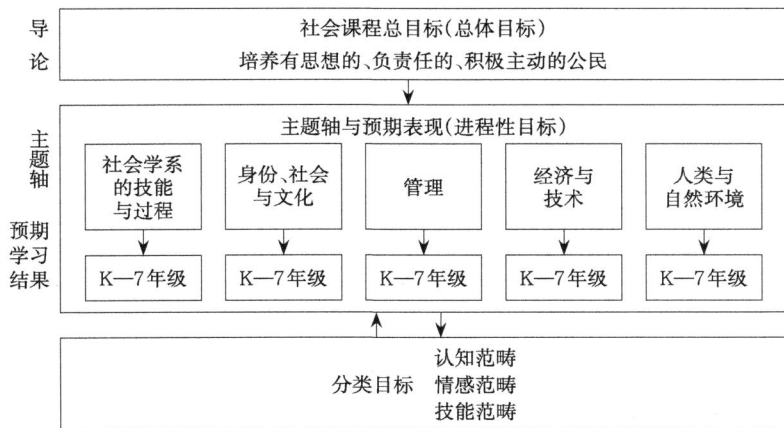

图 3-1 不列颠哥伦比亚省小学社会课程目标体系图

---

① Ministry of Education, Social Studies K to 7, Integrated Resource Packages [S]. British Columbia, Canada,2006.

在不列颠哥伦比亚省小学社会课程标准中,详细地列出了"五大主题轴",对每一个主题轴分别按年级提出递进的课程标准与预期学习结果。我们以一年级为例进行说明,见表3-7。

表3-1 不列颠哥伦比亚省小学一年级"五大主题轴"课程标准与预期学习结果

主题轴	预期学习结果
社会学习的技能与过程	A1 在学校或社区使用地图来识别熟悉的位置 A2 有效地参加团体活动 A3 从个人的经验、口头资源和可视形式收集信息 A4 使用口头、书面或视觉方式呈现信息 A5 确定有关基于学校问题的解决战略
身份、社会与文化	B1 描述他们生活中所发生的变化 B2 从家庭的组成成员、文化、传统以及各个家庭成员所扮演的角色等因素出发,解释家庭之间为何会有相似及不同之处 B3 找出他们生活、学习、工作、玩乐的各种社会场所 B4 辨认出加拿大的标志
管理	C1 描述他们作为家庭成员及学生分别扮演的角色,拥有的权利及他们各自要承担的责任 C2 阐释开设课堂和设定教学目标的目的
经济与技术	D1 描述人类的基本需求 D2 辨别出社会中人们所从事的各种行业 D3 解释对钱的用途的理解 D4 描述人们利用科学技术的方式
人类与自然环境	E1 熟悉加拿大的地图 E2 辨别不同环境的特点 E3 关爱学校及周边环境并对其做出负责任的行为

安大略省于2013年12月颁布了《社会课程标准修订版(2013)》,在课程愿景的规划下纵向设立总目标、分科目标、课程的总体期望和具体期望,而具体期望也按照分类的目标设置,包括应用、探究和理解三个方面。[1]

① Ministry of Education, The Ontario Curriculum, Social Studies, Grade 1-6; History and Geography, Grade 7-8, (revised)[M]. Ontario, Canada:2013.

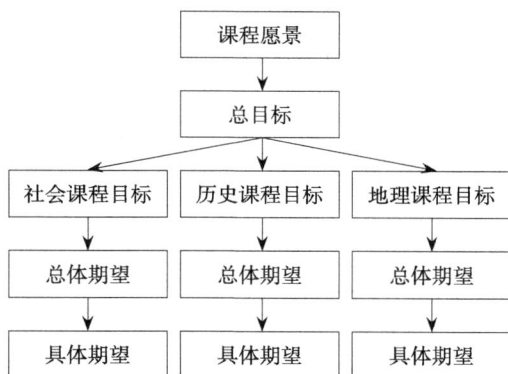

图3-2　安大略省小学社会课程目标体系

　　安大略省小学社会课程在总目标和具体目标的指引下,对每个年级还具体提出了"总体期望"与"具体期望"的进程性目标:"总体期望"笼统地描述了学生在各年级期末应能展示出的知识与技能;而"具体要求"更详细地介绍了课程及其要求掌握的知识与技能。我们也以一年级社会课程为例进行说明:

表3-2　安大略省小学一年级社会课程总体愿望与具体期望

总体期望	**A1.应用**:描述怎样将人们的角色、关系和责任与他们是谁、他们的处境相关联,以及怎样和为什么环境的变化影响人的角色、关系和责任以及自我意识; **A2.探究**:使用社会课程调查过程来调查人们身份/自我意识、不同角色、关系和责任以及日常生活的不同情景的若干方面; **A3.理解**:展示对"当地人和其他人有着不同的角色、关系和责任以及所有人都值得尊重,不论他们的角色、关系和责任"的理解。
具体期望	A1.1描述怎样和为什么人的角色、关系和责任在不同地点或情景下以及不同的时代下会变化; A1.2描述他们生命中重大的事件怎样导致角色、关系和/或责任改变; A1.3跟同龄人比较他们自己或家庭成员生活重大事件; A1.4描述人们在不同环境中对彼此的影响以及人们之间交流影响自我意识的几种方式。

续表

具体期望	A2.1 提出问题来指导对事件、人和/或他们生活的地点与他们角色和关系的相互联系的若干方面的调研; A2.2 使用现有的直接来源和/或间接来源,收集整理对他们角色、关系、责任和身份/自我意识塑造有贡献的重大事件、人物和/或他们生活的地点的有关信息; A2.3 分析构建简单的地图作为他们调查对他们或他们家人有重要意义的地点的一部分; A2.4 借助不同的工具理解并分析与他们调查相关的信息; A2.5 评估证据,得出关于事件、人和/或生活地点与他们角色、关系和责任以及身份/自我意识的相互关系若干方面的结论; A2.6 用合适的词汇与格式来交流他们的调查结果。
	A3.1 描述他们自己的角色、关系和责任; A3.2 识别一些生活中,包括社区生活中重要的人物、地点和事物; A3.3 通过对按时间和有关个人经历的重要事件识别和组织,展示对简单年代图的理解; A3.4 明确成为他们日常生活中可敬行为的一些元素和/或其他人的日常生活中的些元素; A3.5 展示"对尊重地对待他人和环境很重要"的理解。

　　魁北克省的小学社会课程目标由包括普遍目标、总体目标、循环终结目标和循环中间目标四个部分组成的目标体系构成。魁北克省小学(一到六年级)细分为三个循环,分别是循环 1(一、二年级)、循环 2(三、四年级)和循环 3(五、六年级)。总体目标是课程设法达到的最重要的成效;普遍目标是在三个循环学习内容中各自需要追求的教学目标;循环终结目标是学生在结束学习内容后,应该发生的变化,即预期学习目标;循环中间目标是有利于达到终结目标的学习活动行为或结果,并且学习主题也由中间目标所给出的相关内容来组织。① 其目标体系和循环目标内容如图 3-3、表 3-3 所示。

图3-3　魁北克省小学社会课程目标体系

① Ministry of Education, Province of Québec, Québec Education Program [S]. Québec, Canada, 2001: 179-185.

表3-3　魁北克省小学社会课程循环目标内容

循环	循环普遍目标	循环终结目标
循环一	培养儿童的空间意识、时间意识以及社会意识	能够使用适当的工具定位空间和时间;能够参与日常生活中的事;能够从这里或其他地方,过去或现在描述一个团体的特性;能够描述一个地方的基本情况,相同点和不同点以及变化。在做这些事情的时候,能够使用正确的词汇。
循环二	培养儿童理解社会组成形式的能力;培养儿童口述社会和所处区域变化的能力;培养儿童开放的心态以看待多元化社会环境的能力	意识到社会组成的因素,并对他们研究的成果进行展示;对某种社会形态有着明确的认识,能够解释该社会形态是如何适应环境的;将历史人物和事件与社会和环境联系在一起,能够运用正确的词语来描述事物。 能够口述社会和领土现象发生的改变,并能用文字展示出来;能够观察这些变化在当代社会是否依然明显;能够学会使用正确的论据和词汇与其他持不同观点的同学进行辩护。 能够展示对于社会多样性和其所处领地的看法;比较这些社会和领地的相同点和不同之处;指出社会组织形式的优势和劣势;能学会使用一些正确的论据和词汇表达关于社会多样性和领地的看法,并与其他持反对观点的人进行比较。
循环三		对社会形态有更好的认识,运用各种例证对研究成果进行展示;从地理和历史知识上了解社会;能够描述各种观察到的变化,并说明其原因和产生的后果;能够运用正确的论据和词汇论证研究的正确性,并达到巩固学习效果。 能够口述社会和领土现象发生的改变,并且能够用文字展示出来,且运用各种材料证明自己的论点;能发现不同历史时期地理和历史现象的变化,并能描述这些变化,进而能解释这些变化产生的原因和影响;能够观察这些变化在当代社会是否依然明显;能够学会使用正确的论据和词汇与其他持不同观点的同学进行辩护。 能够展示对于社会多样性和其所处领地的看法,并运用一些证据支撑其观点;能够指出一些观测的这些社会在地理和历史上的不同点;描述这些社会组织形式的相同点和不同之处,并指出这些相同点和不同之处产生的原因;能表述对社会多样性和领地的看法,并学会使用一些正确的论据和词汇与其他持反对观点的人进行比较。

（二）加拿大小学社会课程目标的特点

通过对加拿大小学社会课程目标的介绍,能够清晰地看到,加拿大在课程目标设置方面具有自身特点。就结构而言,呈现明显的层级性;就目标内容而言,呈现明显的公民教育特色;就目标维度而言,仍然强调多维整合;就目标表述而言,呈现思维能力的培养。

1. 课程目标强调公民教育

如前文所述,社会课程是公民教育的重要载体,从其诞生之日起,就有着培养公民素养的要求,加拿大社会课程历史演变的经验也体现出其承担公民教育任务的重要性。而从现行的加拿大小学社会课程目标的分析中,可以看出这种公民素养教育的目标并未改变,在其课程总目标中明确强调了公民素养教育,强调培养"好"公民,即有国家认同感和社会责任感,尊重差异,具有责任心、包容性,积极参与到多元文化社会建设中的主动公民。

第一,加拿大小学社会课程目标关注学生的健全人格和全人发展。

在心理学家看来,人格通常指个人所具有的独特的、稳定的心理特征的综合。[1]若将人的心理特质归属于知、情、意三大类,那么人格的含义包括了人的各种心理要素,包含了知、情、意三大类。加拿大的社会课程教育目标,提出了有关于认知方面的要求,具体包括知识、能力、方法等方面的要求,同时也包含了在情感态度价值观上需要达到的目标。从价值观类目标看,课程以人际关系为主线,目的是让学生明晰人情事理,成为高素质的优秀公民;在民族精神的感召之下,加强学生爱国主义情操和法治观念的教育,培养他们的社会责任感,使得他们可以忠诚并热爱自己的国家。从知识目标上看,加拿大小学社会课程把社会作为主轴,让学生以了解周围社会为起点,逐步了解和认识祖国乃至世界的行为准则。从能力目标上看,加拿大小学社会课程以社会问题为基础,将能力目标与教学要求相联系,培养学生正确观察、认识社会的能力,使学生可以初步适应现代社会生活。所以说,加拿大小学社会课程目标从人的整体性出发,兼顾智力和人的知、情、意三大类的综合发展,强调和谋求的是学生人格的健全发展。这种全人发展的目标体现在教育、教养与发展三个方面。

---

① 顾明远. 教育大辞典[M]. 上海:上海教育出版社,1990:73.

第二,加拿大小学社会课程目标把学习能力与社会能力并重。

国际21世纪教委会向联合国教科文组织提交了一份名为《教育——财富蕴藏其中》的报告,提出21世纪教育的四个支柱是"学会认知、学会做事、学会共同生活、学会生存"。在社会课程教育之中则归纳为学会学习和做人。这是信息时代、学习化社会对个性发展提出的要求,也是加拿大在小学社会课程目标围绕学习能力与社会能力提出能力培养的要求。

加拿大小学社会课程标准中,纵向课标分年级和类别提出了对能力养成和发展的不同目标和要求,这些目标极其重视培养学生认知社会的方法和技能。其中主要包括观察、调查社会的技能,解读图片、获取并分析数据资料、制图的能力,以及比较与归类的方法,使学生具有批判性思维,更好地参与社会活动,而综上这些技能是认知社会所必需的认知工具。在学习能力的基础上,加拿大小学社会课程还提出了社会参与技能的要求,比如要求个人能力的养成和发展,以及与他人平等相处、协同合作的能力等。

第三,加拿大小学社会课程目标注意人文精神的铸造。

一个人的精神世界有三大支柱:科学、艺术、人文。科学追求的是真,给人以理性,科学使人理智;艺术追求的是美,给人以感性,艺术让人富有激情;人文追求的是善,给人以悟性,人文中的信仰使人虔诚。所以可以把人的综合素养概括为科学素养、艺术素养和人文素养。从世界各国课程的开设和实践看,社会课程是弘扬人文精神的理想阵地和领域。对于人文精神内核的阐释,最少可从三个维度进行解释。即人与自我,追求高尚的人文情怀和广阔的人文视野;人与社会,具备现代公民意识以及国家观念,并且要认识到多元文化观和普世伦理价值是世界各族人民相互之间和平共处、共同发展的基础前提;人与自然,人类与自然界要达到高度的和谐统一。①从加拿大的小学社会课程目标可以看出,其把社会课程作为人文精神培养的核心课程,课程目标都注意到了人文精神的培养,提出了人文精神培养的具体要求,包括知道人与自然的相互依存,自然环境的认知要求,对于传统与多元的尊重与理解等。

第四,加拿大小学社会课程目标重视全球化教育,培养具有国际视野的公民。

---

① 李稚勇. 社会科教育概论[M]. 北京:高等教育出版社,2005:105.

全球化背景下的社会发展，不仅仅意味着空间距离的缩短，同时也意味着全球距离的拉近，最重要的是各国之间的联系日益紧密，在全球范围内形成了一个整体框架。所以，在全球化格局之下，人们必须具备更广阔的视野和更宏观的意识去认识和思考问题，用全球化的视角去面对世界。与此同时，也要正确认识全球化的多元化特征。全球化格局之下国与国并非合而为一，而是相互依存的关系。各个国家总是存在着政治、经济以及文化等诸多差异，所以国家之间的矛盾和冲突总是不可避免地发生。美国政治学家塞缪尔·亨廷顿在《文明冲突论》中曾预言，未来世界的冲突形式将不再是以武力冲突为主导，而是转变为各种不同文明的较量。为了尽可能地减少和避免这种冲突，让不同地区的文明能够在全球化背景下更好地发展，就需要一种宽容的国际理解，教育在其中起到了至关重要的作用。促进不同种族、文化、信仰之间以及不同地区与国家之间的了解、宽容；加强国际合作，便于国家之间达成对于全球社会存在问题的共识；这样的认识可以促使世界上的每一个个体，通过对世界的进一步认识来增加对自我和他人的认知，从而将从被动的相互依存转化为主动的互助团结。[①]在这种全球化进程中，加拿大也逐渐认识到具有全球观念和国际理解对于个体变得越发重要，需要培养的不仅仅是适应本国的合格公民，还需要培养具有国际视野、能够主动并有能力参与国际事务的负责任的全球公民。所以其小学社会课程目标体现出全球化教育的要求。如在知识维度目标中明确提出，通过在教学阶段的社会课程学习，可以使学生有层次地了解整个世界的历史、地理、经济、政治及文化等多方面的知识，学生逐步具有开阔的国际视野，为成为具有全球视野的公民奠定基础。

2. 课程目标结构凸显层级性

加拿大的小学社会课程目标体系不仅包括横向的三维维度，而且纵向有分层的进程性目标。在总体目标的指导下，按照学科主题或年级（循环）提出了分目标，并在分目标下形成了适合学生年龄发展特征的、递进的学习预期目标要求。从而形成了一个相互衔接，层层递进，逐步加深的结构严谨、完整的目标体系。加拿大的目标纵向层次还体现在层次明晰的目标顺序上。课程目标的层次得益于社会认知理论研究的发展。20世纪70年代，国际教育界逐

① 徐辉,王静. 国际理解教育研究[J]. 西南师范大学学报(人文社会科学版),2003(6):85.

步开始认识到教学目标分层的重要性,应当把教学目标合理地分成不同的认知水平和不同的思维维度。布卢姆的认知理论中,阐释了学习目标在纵深方向上有很明确的层次性,他概括归纳为记忆、领会、应用、分析、综合和评价六个类别。其中前三类是容易达成的简单目标,而后三层则是难以达成的高层次目标。①也正是根据这个理论,加拿大的小学开始在社会课程中按照年级分列出了目标顺序。在低年级以收集资料、描述现象等能力为主,慢慢发展为中高年级对资料的比较、分类、归纳,再提高要求至分析和评价能力。如不列颠哥伦比亚省管理维度的目标,在一年级主要描述他们作为家庭成员以及学生分别扮演的角色,拥有的权利以及他们各自要承担的责任;阐释开设课堂和设定教学目标的目的。二年级,区别他们在课堂上和学校分别扮演的角色,拥有的权利以及各自承担的责任;阐述小组、班级以及学校是如何做决定的。三年级,解释人们对个人角色,权利和责任的理解是怎样影响学校乃至社会的幸福;总结当地政府所扮演的角色和它承担的责任。四年级,比较原土著居民与卑诗省和加拿大的早期定居者在文化管理上的差异;识别加拿大人的统治对原土著居民所拥有的权利的影响。五年级,论证联邦制是如何让加拿大成为了一个独立的国家;描述加拿大政府的分级标准,它的责任以及政府的选举制度;识别加拿大原住居民(土著居民)独特的政府管理体制。六年级,比较加拿大的联邦政府与其他国家的国民政府的差异之处;根据《加拿大人权及自由大宪章》,评价加拿大社会中的平等与公平;比较加拿大公民与其他国家的公民在拥有的个人权利或集体权利以及各自承担的责任等方面的不同。七年级,描述加拿大古代文明中法律法规和政府的演变过程及其相应的目的;评价古代的法规制度和政治体系对当今加拿大政治法律体制的影响。②

3. 课程目标内容注重多维素养统整

在小学社会课程目标结构的横向维度分析中,加拿大将其分为三个维度目标,强调作为一个合格公民所应具备的知识和技能,所以其认知和技能目标在课程目标体系中所占比例更大,而道德教育主要渗透在揭示知识和人类生

---

① 白月桥. 课程标准实验稿课程目标订定的探讨[J]. 课程·教材·教法,2004(9):9.
② Ministry of Education, Social Studies K to 7, Integrated Resource Packages [S]. British Columbia, Canada,2006:43.

活的关系之中。

首先在认知目标的维度上,加拿大强调的是一名合格的社会公民应当具有的基础学科知识。这些知识是认识社会的基础,所以对于认知的目标较明确与详细。具体而言,如历史方面的目标:加拿大小学社会课程标准强调历史思维,要通过对过去社会、事态发展与事件的理解,使学生具备解释、分析历史与现实问题的能力,分析来自不同群体的人,随着时间的推移,是如何交流以及如何变化的;要理解历史社会中人的经历并形成共同情感;要基于对主要与次要资源的分析和解释,发展基于史实的历史知识能力①,注重学生历史思维和分析问题能力的培养。再如地理方面的课程目标的差异:加拿大小学社会课程着重于对学生地理思维的培养,其中涵盖了发展空间意识,通过利用空间技术、对各种类型的地图、地球仪、图形进行解释、分析、构建,培养空间技能;理解从社区到世界范围的人类环境、社区与自然的空间多样性以及其特征的能力;分析自然界与人类社会环境及周围社区的联系;通过培养对自然与人类环境、社区的欣赏与尊重,成为对地球负责任的管理人。②再如政治法律方面:加拿大社会要求从小学阶段开始培养公民的权利与责任意识;认识政府的行政结构、演进过程以及管理运行机制;司法体制的特点;政府的层级划分标准、责任以及国家选举制度等。③

其次在能力目标上,加拿大小学社会课程非常重视学习能力和社会能力的培养。加拿大的能力目标总体是由三个部分构成的,包括学习基本技能、批判性思维和社会参与能力。对学习基本技能的要求是严格和高水平的,要求学生通过社区、学校等机构,图书、杂志等途径,以及新兴科技等方式,搜索、挑选、组织和分析、探究信息。对批判性思维的培养,加拿大则鼓励学生从多个角度进行学习(例如时间、地点、文化和价值观),促使学生养成批判性思维和进行理性判断,形成自己的观点,解决问题并指导其行为。批判性思维的培养贯穿整个小学阶段,如不列颠哥伦比亚省在三年级就要求应用批判性思维技

① Ministry of Education, The Ontario Curriculum, Social Studies, Grade 1-6; History and Geography, Grade 7-8, (revised)[S]. Ontario, Canada, 2013:7.

② Ministry of Education, The Ontario Curriculum, Social Studies, Grade 1-6; History and Geography, Grade 7-8, (revised)[Z]. Ontario, Canada, 2013:7.

③ Ministry of Education, Social Studies K to 7, Integrated Resource Packages [S]. British Columbia, Canada, 2006:43.

能对所选的困难或问题进行质疑、预测、想象、比较、分类和识别,而且在此阶段学生需要对诸多有争议性的复杂的问题进行深入的探索和有效的解决,而且通常要从政治、经济、历史、法律和人类等一系列广阔的视角来对问题进行反思和批判。在社会性参与能力方面,加拿大除了要求学习中国社会课程学习目标中的对发展群体和社会交际的技能,在社会、政治的参与技能的培育和发展上也有着极高的要求。

最后在价值观方面的目标上,其具体要求往往与本国历史发展的特点和公民资格观密切相连。加拿大自建立自治领土,才算现代意义上的建国,从1867 年至今其历史不到 200 年,而且是一个移民大国,民族众多。源远的历史证明,加拿大作为一个自由民主且多元异质化的国家,想要建立一个以"盎格鲁文化"为轴心的同质化社会,而让少数群体放弃本民族文化的身份,显然并不符合其国家现实。丰富多元的文化理念根植于不同种族群体和谐共生的基础之上,在以自由民主为信条的社会环境中,慷慨宽容地吸纳不同种族之间的差异,给予不用种族以特殊的公民权利,从而推动整个加拿大社会的多元化统一。多元文化主义属于典型的政治哲学范畴,它不单是一种哲学理念,还是一种意识形态、一种公民理论或教育思潮,它决定了加拿大社会课程中所辐射出的公民教育理念的根本基调,也就是具有差异性的公民资格观与公民教育观存在于多元文化主义背景下,这使得作为加拿大公民教育重要途径的小学社会课程教育在价值观上十分强调尊重种族、文化和社会的多样性。实行一种涵括的教育,主张以一种多变的、多元种族的教育方式引导对社会的身份认同,然而应当明确的是对一个共同国家认同的追求并不意味着要排斥不同的民族种群间的差异认同。因此,加拿大的小学社会课程目标一直在强调联系过去与现在、传统与未来以理解差异,理解多样,形成共同的认同。

4. 课程目标表述关注思维培养

课程目标是对课程进行评价的基本准则,课程目标的表述方式又鲜明地诠释了课程目标的意旨。通过考察加拿大的小学社会课程目标,发现其课标在表述时出现频次比较高的行为动词主要有:explain(辩解),identify(辨识),analyze(解析),recite(叙述),distinguish(区分),demonstrate(论证),recognize(辨认),compare(对比),relate(联系),describe(表述),interpret(诠释),define

（定义），use（应用）等。上述一系列的行为动词在课标中清楚地表达了加拿大小学社会课程对学生养成目标培养中的标准。加拿大的教育注重培养学生的理解能力和思维能力。

另外，这种结果性动词的目标描述说明的是学生的学习结果是什么的词，其应该是具体、明确、可测量和可评价的。加拿大小学社会课程目标中，有几十余个行为动词来描述学生能力的达成状况，而且所使用的行为动词大都要求明确、具体，并与内容统合，常常被作为过程性测量与评估的依据，精确地阐述对不同年段学生的学业期望。

总之，加拿大小学社会课程目标从其价值观念出发，强调公民素质教育；从其历史与国情出发，提出适合各自社会发展需要的目标要求；从其教育教学实际出发，提出能力培养与发展方面的目标要求。

四、加拿大小学社会课程的内容组织

课程内容在课程活动的顺利实施以及在课程目标转化为教学成果的过程中起着关键性作用。对于社会课程而言,其内容不仅是核心问题,也是发展的重要支撑。自社会课程在加拿大起步以来,其发展经历了一个漫长的改革之路。在尝试了多种组织模式的基础上,形成了目前的组织模式以进行内容整合。通过对加拿大小学社会课程内容及组织模式进行分析,可以更深刻地理解加拿大小学社会课程的本质。

(一) 小学社会课程内容的主要组织模式

如前所述,社会课程是涵盖了包括历史学、地理学、政治学、经济学、社会学、人类学等众多的不同社会课程科目在内的而非依据某一学科体系构建的课程。所以要理解社会课程的内容,首先要知道其组织模式,即内容在怎样的框架中组织起来。因为学界各个流派对社会课程性质的理解不同,对于如何实现这种跨学科的社会课程组织的观点和论争也异彩纷呈,不尽相同。这些争论使不同国家和地区在长时间的社会课程实践探索中,采用了不同的课程组织模式,形成各具特色的社会课程结构和组织模式。本文将首先对四种在中国和加拿大小学社会课程组织模式中有重要影响的模式进行说明,分别是环境扩展模式、学科概念模式、学科本位模式和主题轴模式。

1. 环境扩展模式

社会课程在创立之初,地理就作为第一个领域引进社会课程,地理学的特殊方法影响到了社会课程。迈克·穆利(McMurry)在1903年提出地理扩展的学习顺序:先由家、邻里扩展到本州,再扩展到周边的州、美国、北美,最后扩展到欧洲及世界的其他地方。保罗·汉纳(Paul Hanna)由于受到了华生的行为主义心理学和杜威的进步主义教育思想的共同影响,根据这种同心圆扩大的社区概念,与人类活动相叠合,构成了环境扩展模式。环境扩展也叫扩展的社区或扩展的地平线,它分别以人类关系、社区这两个基本概念为经、纬,将社区分为家庭、邻居、州、地区、国家和世界六个层次,强调每个学校都应认识到自身在各级社区中的角色,而不能仅仅局限于学校周围。生产、保护、创造、通信、交通、教育、娱乐、管理、审美是人类生活的九个主要方面,[①]以此构成如图4-1 所示的复合模式。

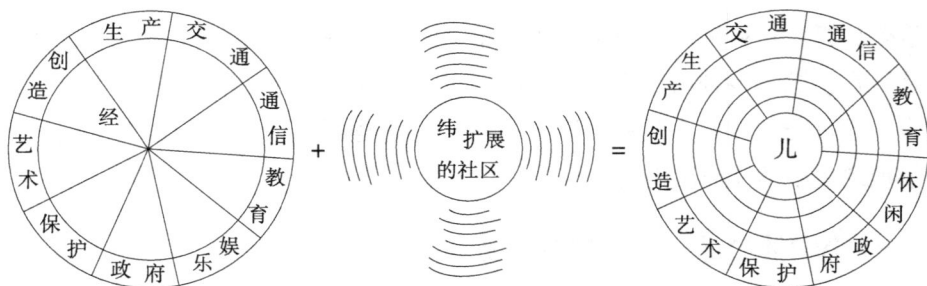

图4-1 汉纳环境扩展模式

此时,汉纳课程模式已基本摆脱科目松散联合的局面,打破了学校课程依据学科体系构建的传统,按照生活范畴构建内容,从多个学科中提取知识及研究方法,并将儿童经验纳入学习过程,从内容的角度实现了杜威的追求:"学生已有经验是新型学校的教学的开始,进一步学习的起点正是已有经验和学生在学习过程中获得的能力"[②],体现出生活主义的社会课程性质。社会课程的建构和学习方式、学校课程的宏观设计和综合构建都受到了这种课程观点的重要影响。至 20 世纪 60 年代,美国小学课程系统和教科书都已经广泛采用了该课程模式。这种社会课程模式也成为典型的社会课程内容组织模式(表 4-1)。同时,由于受进步主义思潮的影响,许多国家的社会课程基本沿袭"教育即生活""学校即社会"的理念展开,环境扩展模式在这些国家得到广泛的推广应用,如今的中加小学社会课程组织模式一定程度上仍然受此模式影响。

---

① Hanna,P.R.Social Studies for Today[J],NEA Journal ,1956 (1):45.
② 丁尧清. 学校社会课程的演变与分析[M]. 广州:广东教育出版社,2005:259.

表4-1　美国1-12年级社会课程内容

年级	学习内容
一年级	家庭与学校
二年级	身边的社会
三年级	市、镇和乡
四年级	美国的各州和地区
五年级	美利坚合众国
六年级	拉丁美洲和加拿大
七年级	世界地理
八年级	美国史
九年级	公民课
十年级	世界史
十一年级	美国史
十二年级	民主主义的各种问题

2. 学科概念模式

20世纪50年代末,随着冷战局势的严峻,苏联成功发射第一颗人造地球卫星,这一举动震醒了整个西方世界,新一轮的教育改革便在西方世界展开,主要是追求科学主义的教育精神,而在这一时期教育改革具有很明显的实用主义和功利主义倾向,比如重视智育、轻视德育。美国国会于1958年通过的《国防教育法》规定加强数学、自然科学和现代外语(即"新三艺")的教学,政府接受了来自这些社会课程专家的提议,并出于对"国家防御"的考虑,认为社会课程的研发应当得到重视,认为其应是"国家防御"的重要组成部分。与此同时,认知领域正掀起一场结构革命,美国心理学家布鲁纳在瑞士心理学家皮亚杰(J.P.Piaget)的认知心理学的基础上,依据儿童认知结构发展理论,创立了能够运用于教学和课程改革中的"结构主义教育"理论,提出"任何一门学科的基本结构都可以归为一系列的概念和原理",学科内容应该做到结构化,教师要为学生提供系统的、结构化的专业知识,包括各学科的基本原理、结构和概念。此时美国教育的中心不再是讨论当前的社会问题及适应现实的社会生活,而是注重理性教导的学科,美国又回到以学术教育为重点的轨道上来。在政府教育改革和结构主义教育思潮的冲击下,美国社会课程兴起了创立以来经历的第一次课程改革,被命名为"新社会课程运动"。

20世纪60年代中后期,在民权运动、反战运动、种族主义运动的刺激下,人本主义思潮涌现,人们开始对存在的各种社会问题进行反思,每个学习者应当得到有利于解放和成长的经验,而这应该是学校课程的核心意义。学校的这些课程要能影响孩子的感情、理解和能力。所以,社会课程要落到"人"上,即强调社会科学的概念学习与人格的健康发展要在目的和内容中有机结合。小学社会课程随着这种思潮对"新社会课程运动"的局部调整而实现了深化程度的提高。

20世纪60年代的"新社会课程运动"在结构主义和人本主义的交相影响之下,已经打破了传统的社会课程的环境扩展模式,形成多样的学科概念模式。但不管是布鲁纳的学科结构模式、塔巴的概念螺旋模式,还是塑造心灵的概念主题模式等,都涉及用社会科学这一学科概念来组织课程内容。

布鲁纳提倡的社会课程是一种螺旋式的社会课程,社会课程学习的重点是基本概念,基本概念之间的联系就构成了该知识体系的基本结构。布鲁纳强调了儿童智力发展水平与阶段的重要性,认为由关键性概念构成的社会科学的知识与内容应该与之相协调。学习活动的挑战性不断增大是学生面临的客观现状,通过体验学习来探索、分析材料,总结归纳,发现这些概念,并通过课程组织的等级体系来重复、巩固和拓展对这些概念的真正理解。布鲁纳认为:"任何学科都能够用在智育上正确的方式,有效地教给任何发展阶段的任何儿童。"[1]

社会科学的每个学科领域在塔巴看来都有其中心的组织思想和概念结构,由这些思想和概念系统可以进一步发展出通则,这就构成了一个学科共同体的话语体系。她把知识分成三类。一是关键概念:类似布鲁纳的学科结构,选自各个学科,抽象、概括程度高,因此能够组织和综合大量信息(特定的事实

---

[1] 布鲁纳. 教育过程[M]. 邵瑞珍,译. 北京:文化教育出版社,1982:49.

和思想)。这些概念是贯穿整个课程计划的主线,决定着主要思想和组织思想,是课程和教材的骨干和组织核心。因为文化差异和学科发展不平衡,从社会科学各学科中归纳出的概念体系可能因国家或地区而异。塔巴模式有十一个主要概念(因果、冲突、合作、文化变迁、差异、相互依赖、改造、权力、社会控制、传统、价值观)。随着年级水平的提高,概念的复杂、抽象程度随之提高。二是主要思想和组织思想:主要思想是通则,是一个句子,抽象程度比关键概念略低。例如,三年级的一个主要思想是"传统影响着一个团体改变其行为的方式"。组织思想是主要思想的一个特例。例如在三年级,"沙漠游牧民的规则和习俗有助于维持其传统生活方式"。三是内容:为描述、解释和发展主要思想和组织思想而选择的特定事例,是有关人类行为的细节性资料。例如有关古希腊人生活的叙述。课程组织分为三个阶段,首先选择概念;其次归纳通则,划分主要思想和组织思想;最后分年级配置通则,整理出课程概念和通则。

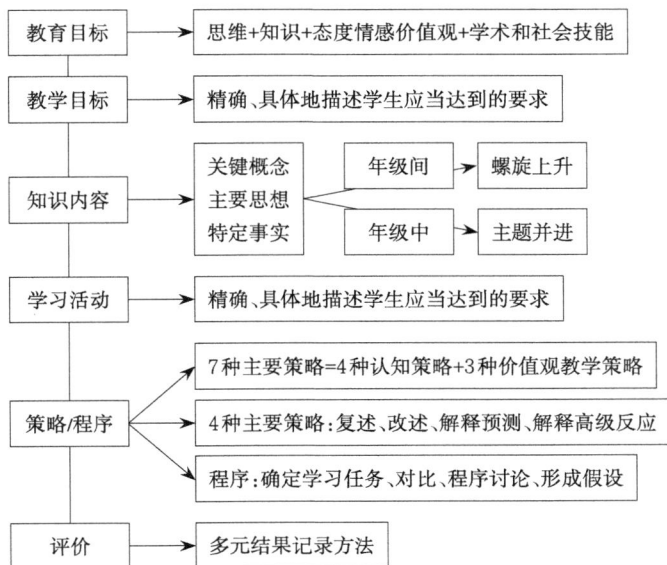

图4-2 塔巴课程编制模型

3. 学科本位模式

第二次世界大战后,作为传统社会课程重要基石之一的历史课程与其他学科相比,越发不受重视,其地位受到严重挑战,可以说处于"配角"的地位。直到 20 世纪 80 年代,社会和生活方式的重大变革,且加上美国政治上的保守主义和经济上的自由主义的影响,使美国教育改革烙下了时代的印记,由此,永恒主义和要素主义教育思想在美国教育改革的浪潮中起到了主要影响作用,激发了一场以回归基础为口号的轰轰烈烈的改革运动。而随之而来的第三次美国教育改革却巩固与加强了原有课程中的要素主义倾向。当时许多课程设计者都受到了这种教育改革思想的影响,提出历史学科的价值应当得到人文科学的承认,历史学习不仅有利于公民素质的提高,而且还可以促进学生成为良好公民,保持美国民主社会的生活方式。于是,人们又重新对历史产生了浓厚的兴味,历史的重要性也得到了社会人士的认同。结果,历史课在美国中小学社会课程中的地位逐渐上升,来了一个华丽的转身,于 20 世纪 90 年代成为核心课程。[①]在这样的背景下,加利福尼亚州也积极地对人文社会科学课程进行了重大改革,人文社会科学的核心圈子里再次出现了历史课的身影。加州在 1987 年召开的教育会议上集体通过了一个以学科综合为中心来构建课程结构体系的"新历史—社会科学"课程方案。该方案以历史学科为核心整合了人文社会科学与历史学科有相关联系的知识,创造了一个更加符合学生认知规律的知识体系,更加强调突出历史的教育功能和教育意义。对此,"社会课程的组成核心为什么应该是历史课程"一文的作者美国的社会课程专家麦切尔·威兰(Michael Whelan)如此阐述:事实上,正是基于历史在人类生存上所具有的重要影响这一深层思考,才决定了社会课程的核心应当是历史。当然有人可能会这样说,人类的生存所涉及的方面和范围远远超过了历史一个范畴,社会、文化、政治、经济、地理等各个方面也应当占有一席之地。不过,如果人类的生存完全剥离了历史,而只剩下这些内容,那么无疑会变得空洞、抽象和生硬。举个例子,社会学的组成部分当中,个人与个人以及个人与群体之间这些复杂的关系具有重要地位,这些关系同时也是活生生的客观历史存在。人类学、人文地理学、经济学以及政治学之中也广泛存在着类似的现象。一切客观存在的、具有可分解性质的历史现象均在历史运行过程当中留下了自己的足迹。一切具有意义的生命体之所以能够保持存在至今,客观经历与

---

① 李稚勇. 社会科教育概论[M]. 北京:高等教育出版社,2005:135.

经验起到了重要作用。虽然人类的经历以及经验始终处于不断的变化发展过程中，但是其中蕴含着的历史意义始终没有改变。人类被历史告知他们究竟是什么。①某种程度上说，历史应该是所有人的学习内容之一的原因就在于此处。

新历史—社会科学课程的内容设计在各学段不同，3年级开始以简单历史为主开始历史的学习，美国史开始于5年级，并在8年级和11年级继续开设，而世界史则在6、7、10年级开设，从而保证学生能更深入、更广泛地学习历史（表4-2）。此外，新历史—社会科学课程学科形态在各学段也有差异，幼儿园至4年级，以综合的人文社会科学课程为主，历史内容整合在综合课程中；5至12年级，以时间范畴为主要线索，把历史作为核心课程与其他学科之间进行有机融合（图4-3），在此基础上，构建跨学科的知识体系，力图把文化、艺术、音乐、原始文件以及历史性的社会记录融为一体。

表4-2　1987年加利福尼亚州新历史—社会科学课程

年级	新历史—社会科学课程
1年级	儿童内心中的世界（儿童理解的世界）
2年级	差异与辩驳
3年级	继承与发展（民间故事、传说、历史故事、人物传记）
4年级	加利福尼亚州：变化中的州
5年级	美国的历史和地理：一个崭新国都的问世（美建国时间，并联结现代）
6年级	世界历史和地理：古代文明（古代—500年，并联结现代）
7年级	世界历史和地理：中世纪和早期工业化时代（500—1450年，1450—1789年，与现代联结）
8年级	美国历史和地理：兴起与碰撞（1783—1914年，与现代联结）
9年级	新历史—社会科学选修课
10年级	世界历史、文化和地理：现代社会（1789年至今）
11年级	美国历史和地理：继续发展和变化（1900年至今）
12年级	美国民主和经济的内在核心

① Whelan, M, Why the Study of History Should Be the Core[A]. Social Studies Curriculum, 2001:54-55.

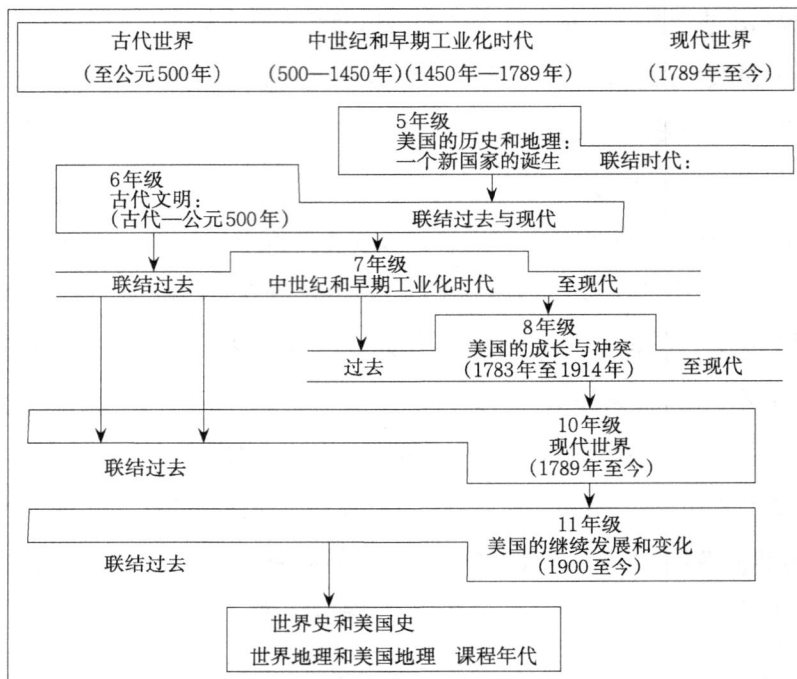

图4-3　授课年代示意图

新"历史—社会科学"课程体系中的课程模式与课程结构,是美国社会课程的一个很好的范例。它的推出对美国教育界产生了巨大的影响。其后"布拉德利委员会",这个有着重要影响力的全国性学术团体在20世纪80年代末所设计的一系列中小学人文社会科学课程体系的结构都深受加州模式的影响。甚至20世纪90年代的美国国家历史科课程标准也受到加州新"历史—社会科学"课程体系的影响,而加拿大的学科本位模式也或多或少受此模式影响。

4. 主题轴模式

"新社会课程运动"期间,人本主义提出社会课程要落到"人"上,当时典型的内容构成方式就是在学科概念基础上,加上人的行为活动,构成主题学习。到20世纪90年代以后,重建主义和公共议题思想的加剧,有关主题学习的构成有了新进展。将多种学科的科学概念与人的行为举止以及儿童的生活进行相关重组,从而得到与不同年级学习生活相契合的主题。最有影响力的主题轴模式是美国课程标准运动中颁布的"全美社会课程标准"中的十大主题轴模式。其以学生的社会性发展为中心,整合社会科学和自然科学的合适内容完成全新构建,课程内容体系逐渐深入,划分为入门级(幼儿园—4年级)、标准级(5—8年级)和提高级(9—12年级),循环呈现。相应地,每个主题轴都简洁地列出一个标准,其下再按入门级、标准级和提高级三个学习阶段分别列出若干预期表现。这10大主题轴对应的分别是:文化;时间、延续与变迁,人、地方与环境,个人发展与认同,个人、团体与机构,权力、权威与管理,生产、分配与消费,科学、技术与社会,全球联系,公民意识与实践。[①]

表4-3　全美社会课程标准10大主题轴及其所属学科领域

主题轴	学科领域
1.文化	历史学、社会学、人类学、文化学、地理学
2.时间、延续与变迁	历史学
3.人、地方与环境	地理学
4.个人发展与认同	社会学、心理学
5.个人、团体与机构	历史学、社会学、人类学、心理学、政治学
6.权力、权威与管理	历史学、政治学、法学
7.生产、分配与消费	经济学
8.科学、技术与社会	历史学、经济学、政治学、地理学、自然科学
9.全球联系	历史学、文化学、经济学、政治学、地理学
10.公民意识与实践	历史学、政治学、文化人类学

从表4-3可以看出,几乎每一个主题轴都包含了人文社会科学多个学科或领域的知识,具有很好的整合性和糅合性。

全面性、社会性、开放性以及灵活性等均包含在主题轴模式之中。社会性指以学生的社会性发展为焦点,打破固有的学科体系,形成学生在社会性

① http://www.ncss.org/1.5html,2015-03-12.

发展的过程中不可避免的、必然会遇到的主题和问题,即主题轴。主题轴应充分体现社会课程促进学生"个体社会化"的宗旨,并为学生们的社会性发展提供良好的课程环境。想要提高自身公民素质,成为一名合格公民,学生必须深入理解他人与自我,认识与参与社会,而这必须通过这些主题的学习。综合性指课程知识系统的综合性。主题轴模式每一主题轴均由多条线索(学科)糅合而成,内容从低年级到高年级由浅至深,每个年级重复出现。将10大主题轴的全部内容有机地结合形成为一个利于人文学科一体化进程的有机整体。学科界限的打破还需要具有开放性的主题轴和课程体系的有机整合,使整个课程有更广阔的课程空间,让围绕学生发展的需要进行编制成为可能。而开放的主题轴则将课程目标有关的经验、知识,国家主流价值观、社会责任感,社会实践以及社会参与有机地统一整合在一起。灵活性指课程形式的灵活性。可以运用综合的、多样化的方式来组织主题轴的课程体系。跨学科与高度整合的社会课程对于小学生而言具有更高的可操作性,初高中阶段也是一样,而且难度可以提高,因为学生具备了更强的能力。社会课程在设计上可以灵活,单一性科目或者两门学科的综合型教学均是可以的。以历史为例,它是单一性课程,但是政治经济地理等领域的知识与视角也应该加以适当融入。①

从社会课程开创到社会课程在全球发展的今天,其课程结构模式从单一演变为多样性,不仅仅只有本文所分析的这四种主要模式,特别是在多元文化和多样化发展的全球化社会,社会课程的组织模式趋势更趋于多样与灵活。

(二) 加拿大小学社会课程的组织模式与内容组成

我们从加拿大小学社会课程的历史演变知道,其小学社会课程一直承担着公民教育的任务,而形态从美国传入开始就一直保持着综合的形态。在近百年的发展过程中,加拿大在继承与探索中,始终以综合型为基础进行课程内容的架构,以培养公民素养进行内容整合。到如今,其小学社会课程在内容组织模式上也早就打破了学科固有模式,呈现出高度融合的结构模式,但因加拿大是联邦制国家,各个省在制定课程时以不同的形式进行,所以加拿大的小学

① 李稚勇. 社会科教育概论[M]. 北京:高等教育出版社,2005:155.

社会课程内容组织模式上也具有多样性,但总体而言,都以学生社会性发展和公民素养的形成为主旨建构融合型的结构模式。

1. 多样性的融合型小学社会课程组织模式

加拿大小学社会课程内容组织模式多样,力图通过以多种主线综合的方式来构建社会课程,由此实现突破学科之间界限的目标,使得整个社会课程以学生发展和公民素养这两大板块的需要为宗旨,为课程的设置创设了更为广阔的课程空间。其总体上以环境扩展为基础,以时间为经、以空间为纬作为基本构架,在继承和创新中形成了自身的主题轴模式、学科本位模式和概念框架模式三种最具特色的内容结构模式。这些模式都综合了历史以及地理、社会与政治经济、伦理学等多门学科领域的知识,而这种多视角、多维度的、综合性的视觉在人类社会的方方面面均有所反映。

(1)主题轴模式

根据前文分析,首创于美国的主题轴模式以学生的社会性发展为中心。而社会性发展是一个过程,在这个过程中,个体将获得态度、价值、需要、交往技能及其他能使个人参与社会生活的品质。通过社会化,个体学会以社会成员都能接受的行动、为社会道德规范等众多原则所允许的方式来实现自己的价值和目的,总之,应该是以社会所允许的方式来采取社会行动。个体社会化实现的过程是一个人从一个生物的个体转变成一个社会成员的过程,[①]同时这也是社会实现其文化传递的过程。主题轴模式就是通过整合社会科学和自然科学的合适内容来建构起多个主题,社会课程体系作为一个整体课程体系,是在多个融合了众多学科知识的同时仍然具有巨大糅合性与整合性的主题轴进行组合的基础上形成的。课程内容体系则是在小学所有年级不断深化的过程中重复出现,呈螺旋式发展。学生们能够在这些主题的学习过程中了解他人与自我,认识并参与社会,奠定成为一名合格的公民的基础。

加拿大马尼托巴省以学生社会性发展为主线,确定了学生社会性发展中必不可少的 6 大主题如表 4-4 所述:

---

① 周宗奎. 儿童社会化[M]. 武汉:湖北少年儿童出版社,1995:2.

表4-4　马尼托巴小学社会课程框架主题轴目标

认同感、文化及社区	学生将会探究与个体、社会及国家有关的认同感、文化及社区的概念
土地:地区与人民	学生将会探究人与土地、空间及环境的动态关系
历史联系	学生将会探究过去的事件、人以及思想,如何塑造现在以及影响未来
全球的相互依存	学生将会探究人、社区、社会、国家以及环境的在全球的相互依存
权力与权威	学生将会探究权力与权威的进程与结构以及它们在个体、亲属、社区及国家中的含义
经济与资源	学生将会探究与个体、社区及国家相关的资源与财富的分配

　　加拿大不列颠哥伦比亚省学生在社会化过程中必然会使用的技能或遇到的主题与问题有5大方面,即5大主题轴,分别是社会学习的技能与过程;身份、社会与文化;管理;经济与技术;人类与自然环境。社会学习的技能与过程主题旨在为课程提供一个框架,着眼于为学生提供机会明白和应用解决问题的办法,收集、分析和解释所呈现的信息以帮助学生成为负责任的,善于思考的公民。身份、社会和文化主题旨在使学生能够区分自我、文化和社会的特征,以及随着时间的发展存在于文化之中和文化之间的相似性与不同点。管理主题旨在使学生有机会对政治和法律形成一种基本的理解,通过这些理解可以懂得多元社会环境中的管理,同时知道公民的权利与责任,并在社区、国家与世界层面积极参与。经济与技术主题旨在使学生有机会理解基本的经济观念和系统,探讨技术革新对个人、社会和环境的影响。人类与自然环境主题旨在使学生学习基本的地理技能并且运用它们来加强对自然环境和人与自然环境关系的理解,探索自然环境的影响,在此基础上能进行资源开发、管理和可持续发展。

　　加拿大小学社会课程的主题轴模式横向上围绕各自主题,纵向上按照从低年级到高年级的顺序,结合学生生活范围的扩大以及社会演变的历史即时空范围,有重点的进行纵横交叉的整体内容结构建构,并且每个主题的内容均与课程的目标体系相结合。如表4-5所示的不列颠哥伦比亚省小学社会课程内容框架。

表4-5 不列颠哥伦比亚省小学社会课程5大主题轴内容框架

主题轴 年级 空间与时间	社会学习的技能与过程	身份、社会与文化	管理	经济与技术	人类与自然环境
一年级 自己、家庭、学校	·简单的图片和地图·团体合作参与·收集信息，并且以口头、视觉和书面形式呈现·解决问题的战略	·生活的改变·家庭的相似之处和差异·社会结构·人们在一起工作的方法·加拿大的象征	·在家庭和学校中的角色、责任和权利·教室的目的、学校的规则	·如何满足基本需求·在社区工作的类型·钱的目的·使用的方法的技术	·认识加拿大的地图·环境的特征·环境如何影响日常生活·如何保护环境
二年级 自己、家庭、学校	·带有基本指示、标志和图例的简单地图·收集需要呈现的信息·解决在课堂上或者学校里的问题	·学校和社区的变化·个人为社区做贡献的方法·个人身份·加拿大的语言和文化特点	·在班级和学校中的角色、权利和责任·小组决定形成的过程	·学校做的工作·钱的目的·技术如何影响个人和学校	·BC省和加拿大的地貌和水体·人类对环境的责任·环境如何影响人类活动
三年级 社区—过去和现在	·批判性思维·简单的地图·收集信息，并恰当的引用其来源；演示技巧·按时间顺序排列·回答问题	·随着时间变化社区的改变·社区的重要性·文化的相似之处和差异·加拿大社会的特点	·社会的权利、责任和福祉·地方政府的角色和责任	·在社区中如何满足需求和欲望·技术如何影响个人和社区的过去和现在	·BC省和加拿大的地貌和水体·各省和地区·环境的责任·早日了解对环境的影响
四年级 原住民文化、勘探和联系	四年级 原住民文化、勘探和联系	·原住民文化的特征·早期欧洲探索时期的BC省和加拿大·原住民与欧洲人之间的联系	·原住民管理结构·加拿大早期欧洲定居点的管理	·以货易货、钱·原住民技术·影响勘探的因素；使用的技术·土著人民和欧洲之间的交易	·半球，大洲，海洋，原住民团体的位置·地方名称·原住民与土地的关系

续表

主题和年级 空间与时间	社会学习的 技能与过程	身份、社会 与文化	管理	经济与技术	人类与 自然环境
五年级——加拿大——从殖民地到国家	·批判性思维 ·地图和时间图表 ·收集和呈现信息；主要和次要来源 ·捍卫一个位置 ·解决某一问题的行动计划	·BC省和加拿大发展过程中的关键事件和因素 ·移民 ·BC省和加拿大的重要人物	·联合国 ·各级政府的责任 ·第一次联合国治理	·资源和经济发展 ·运输原理概论	·加拿大自然地区，天然资源的位置 ·可持续发展 ·在BC省和加拿大，早期环境对定居点的影响
六年级——加拿大与世界	·批判性思维 ·图、表、空中照片和各种类型的地图 ·来源的可信度 ·解决某一问题的行动计划	·加拿大人和个人如何体验文化的影响 ·加拿大与其他国家比较 ·艺术表现和文化	·联邦政府系统 ·司法系统 ·平等和公平；权利和责任 ·加拿大在世界中的作用	·加拿大的经济关系 ·加拿大的通讯技术 ·其他国家的技术	·文化和环境之间的关系 ·影响定居模式和人口分布的因素
七年级——古代文明	·批判性思维 ·图，时间表，地图 ·编制各种来源的信息 ·演示技巧 ·捍卫在一个问题上的立场	·古代文化中的文明 ·古代文化中的社会角色 ·古代社会对当代文化的影响	·古代文明中的规则，法律和政府 ·古代的法律和政府对加拿大的影响	·古代社会的技术和交流 ·古代通信	·环境对古代文明的影响 ·古代文明的环境对人类的影响

从社会"问题"的角度看,这5大主题都是学生社会化过程中必然会遇到的社会生活的各个方面的问题。因此,不仅学科与问题的整合在这种全新的课程组织形式中得到了体现,而且学生的整体性且多维度的"社会课程视野"也因为这种社会性主题架构蕴含的跨学科、螺旋式发展的特点而得到提升,从而推动其社会化程度的提升。

(2)概念框架模式

加拿大小学社会课程的概念框架模式是在学科概念模式和环境扩展模式基础上的创新。主要以公民素养为主线构建内容结构,以概念的框架帮助学生从具体的社会课程中建构整体的公民意识,培养公民的素养,在公民素养与学科思维能力的联系得到关注的同时,社会课程学科结构所蕴含的的重要性也得到了一定强调。

安大略省就是概念框架模式的主要代表。它的小学社会课程结构提出了学科思维概念与重要概念,创设公民框架问题,把学科思维概念、重要概念、公民框架问题与社会课程总体期望和具体期望进行有机整合,使学生通过社会课程的学习,养成合格公民的素养。

"学科思维概念"是一种共通概念,也是跨学科的框架概念。它是理解社会科学知识,培养社会学科思维能力所需要的、最关键的一些要点,为所有社会科学知识的深入理解提供支点和框架。安大略省1—8年级社会课程标准根据社会科学内在联系,提出了共通的6个学科思维概念,即"意义""因果关系""持续与变化""模式与趋势""相互联系"和"视角"。这些学科思维概念贯穿于安大略省1—12年级的社会课程中,且随着课程内容的开展逐渐深入。

"重要概念"往往超越零星散乱的事实和具体的操作技能而集中在高度精炼概括的概念、原理和过程当中,这也是学生在忘记所学到的一些具体知识之后仍然能够长期留存的广泛而重要的理解的原因。重要概念的掌握需要学生有理解最基本的概念的能力和发展探究和解决问题的技能,并能把这些概念和技能运用到生活实际中去,运用到课堂以外的世界当中去。

"公民框架问题"是连接课程内容与公民教育的纽带。学生如何通过社会课程内容的学习来树立公民素养,是公民框架问题要解决的问题。公民框架问题是在课程内容学习的基础上,通过对学科思维概念和重要概念的理解,激发学生的好奇心和批判性思维,从而形成对这一学习内容或主题进行思考的公民素养。因此,课程内容的总体期望和具体期望与学科思维概念、重要概念和公民框架问题之间是环环相扣的关系(图 4-4)。

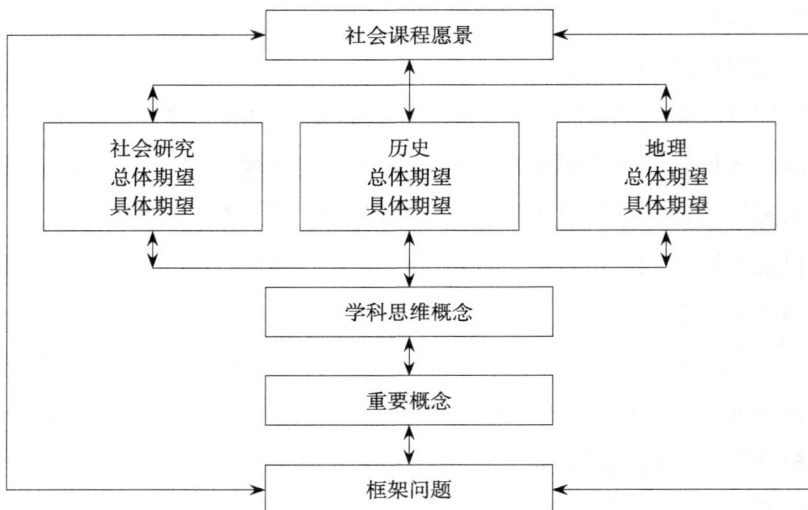

图 4-4　安大略省概念框架及其关系

以安大略省 1 年级社会课程 A 系列中"传统与认同"部分为例(表 4-6),我们可以看出这种框架内容中,学科思维概念、重要概念、框架问题等构建了社会课程内容设置的概念框架。这一框架强调学生对社会课程的学习,不仅仅是单纯地记住或知道一些与社会有关的具体事实和翔实信息,而是要从这些社会课程内容或主题的基础上,锻炼思维的能力,形成对重要概念的深入理解,从而运用在社会科学课程中所获得的各个学科领域的知识与能力来解决日常生活中所遇到的各种社会问题。其目的在于培养学生作为公民应有的素养,最终形成对国家、对社会、对社区以及对家庭的更深的理解与认同。

在概念框架模式下,加拿大小学社会课程内容既重视培养学生对知识、技能的掌握,对传统与现在、过去与未来的理解,同时还培养学生对社会和环境问题的责任感以及可持续发展意识和全球意识。如安大略省 1—6 年级的社

表4-6　安大略省1年级社会课程概念框架模式内容

总体期望	学科思维概念	重要概念	框架问题
A.传统与认同:我们不断变换的角色和责任			
A1.描述怎样将人们的角色、关系和责任与他们是谁、他们的处境相关联,以及怎样和为什么环境的变化影响人的自我意识的角色、关系和责任	持续性和变化	一个人的角色、责任和关系在一定时间和环境中变化着	当人们遇到全新的环境,与不同的人发展关系时,他们的角色和责任如何、为什么改变?人们不同的角色和责任如何帮助塑造他们自身?
A2.使用社会课程调查过程来调查他们的身份/自我意识、他们不同的角色、关系和责任的相互关系、各种日常生活环境的一些方面	相互关系	他们自己的角色、责任和关系在形成自己的特色上扮演了重要的角色	
A3.验证对以下两点的理解:本地人和其他人拥有不同的角色、关系和责任;不论他们的角色、关系和责任如何,我们必须尊重所有人	重要性	不论他们的角色、关系和责任如何,所有人都值得尊重	为什么尊重他人很重要?我们怎样对他人表示尊重?

会课程分为传统与认同、人与自然两个系列组织内容(表 4-7)。在"传统与认同"系列中,重在培养他们理解过去和现在之间的联系,培养学生在不同团体内部(包含学生所在团体)、团体与团体之间的交流技能,以及与公民相关的权利和责任。学生将在对过去和现在的个人、文化、民族认同感的理解以及对加拿大传统的理解方面得到发展。在"人与自然"系列中,课程内容更侧重于自然环境、建筑环境以及两者之间的联系。学生将探讨地方、区域、国家乃至全球社会环境中的地理、社会、政治、经济和环境问题,并理解作为公民和各级政府应该承担的社会责任与环境责任。在 7—8 年级中,每个年级的历史和地理"课程要求"也分为两个"系列"(表 4-8)。历史课程按时间顺序编写系列,侧重于从十八世纪初到 1914 年之间的加拿大历史。在这一系列中,学生将学习如何运用历史思维方式探索过去。地理课程则按主题顺序编写系列,让学生有机会探索世界自然地理和世界人文地理中的多样主题。在这一系列中,学生能够培养空间技能,学习如何运用地理思维和地理探究步骤。这些系列将为 9 年级必修地理所涉及的课题奠定基础,其重点是加拿大的地理问题。希望学生从社会角度、历史角度以及地理角度去了解周围世界及自身所属环境,了解什么使得他们独一无二,并从中学习如何分享和表示尊重,归根结底是开

始学习如何成为"好公民"。

表4-7　安大略省1—6年级社会课程内容系列

	年级	A.传统与认同	B.人与自然
社会课程	一年级	变化中的角色与责任	本地社区
	二年级	变化中的家庭和社会传统	全球社会
	三年级	1780—1850年的加拿大社会	在安大略省的生活与工作
	四年级	早期社会:公元前3000—1500年	加拿大的政治和地理区域
	五年级	第一民族与新法兰西及早期加拿大的欧洲人	政府职能和公民责任
	六年级	过去及现在的加拿大社会	加拿大与全球社会的相互影响

表4-8　安大略省7—8年级历史、地理课程内容系列

历史	七年级	A:1713—1813年:新法兰西及英属北美	B:1800—1850的加拿大:冲突与挑战
	八年级	A:1850—1890年:加拿大的创建	B:1890—1914年的加拿大:不断变化的社会
地理	七年级	A:变化中的世界地理形态	B:世界各地的自然资源:形态和可持续发展
	八年级	A:全球协议:模式与可持续发展	B:全球不平等:经济发展和生活质量

（3）学科主体模式

　　加拿大小学社会课程学科主体模式强调历史和地理在人文社会科学范畴课程中的特殊作用,把历史和地理内容确定为社会课程的核心部分。小学社会课程以历史为基础,让学生从历史的视角对加拿大社会的形成和发展提出问题,运用历史的方法审视这些现象的起源和结果,将历史过程与同一时期的其他具有同样现象的社会进行审视和比较,最后从这些现象中提升对于当前问题的理解,从而培养公民的能力。

　　魁北克小学社会课程内容结构即按照历史和地理的逻辑顺序,在循环一(低年级)让学生培养空间的、时间的及社会的文化和经济的现实等概念意识。循环二开始以历史为线索,关注重点的几个社会历史时期和社会群体,探寻加拿大社会的差异和变化,达到社会课程联系过去、认识现在的目的,培养公民的国家认同和批判精神。以图 4-5 魁北克小学社会课程的历史轴为例可以看到,学生在时间轴上要学习具体社会群体历史、政治、经济、文化等各方面的知识以理解社会组成形式,从而能联系历史理解社会的变化,尊重社会的多样性,强调公民身份、认同感、多样性以及多元观点。

1645 年左右法属北美殖民地的社会情况

领土上的资源和局限：
——资源：大草原，河流山谷，高原和山丘
——气候：温度，常年风向
——植被：落叶林和针叶林
——水体：河流，湖泊，瀑布，急流及可口角洲
——资源：肥沃的土壤，水资源，动物资源及植物资源
——其他方面：广袤的土地

历史人物与事件对社会和地域组织的影响：
——易洛魁人，拉维奥莱特，迈松纳夫，宗教，部落和原住民
——最早的居住地，资源探测区和贸易港口

与社会相关的一些因素：
——语言，宗教，习俗和传统，有关领土坐知识，地名等

法属北美殖民地的地点和存在时间：
圣劳伦斯河谷和五大湖地区

影响殖民地组织的社会因素：
——人口特点分布情况，组成成分和大概人口数量
——生活方式：定居的生活方式，此种生活方式的形成与资源和皮毛贸易息息相关
——土地用途：为了扩大毛皮贸易市场进行领土扩张，农业和畜牧业
——文化特征：信仰，宗教，艺术，语言，方言，着装，娱乐活动习俗
——经济活动：皮毛贸易，农业，狩猎，渔业
——政治特征：决策方式，领导者所扮演的角色和权力
——交通方式：独木舟，马车和船只
——交通途径：水路，森林小径
——与贸易相关的技术和工具

重大改变：
——领土的侵占，定居模式，人口的统计，政府的管理，农业，工业，贸易
——做出巨大贡献的历史人物：吉恩，特多龙，探险者，吉勒斯
——具有重大影响的历史事件
——封建领土制的确立，资源探测，出生率，经济的多元化

1645 年到 1745 年的北美法属殖民地

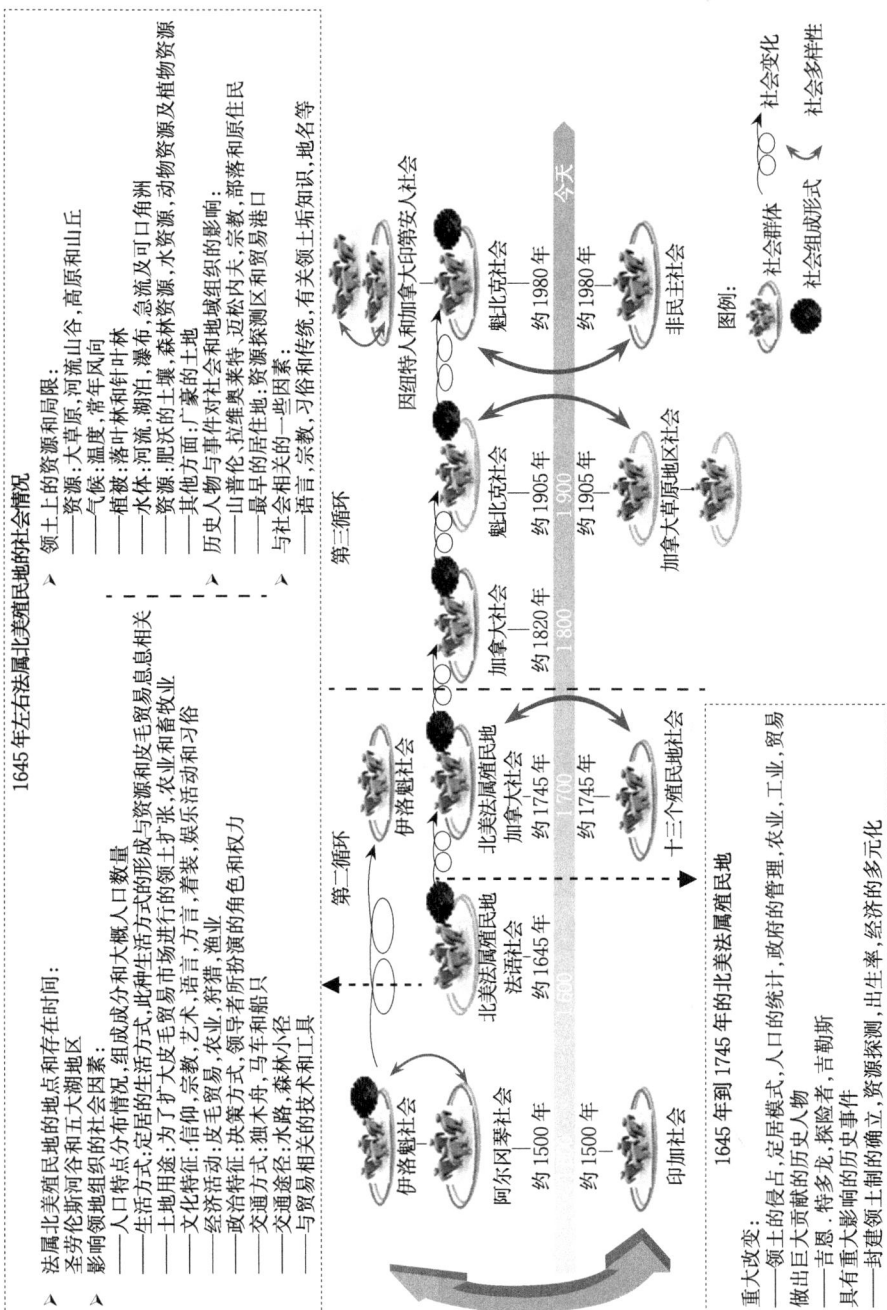

图 4-5　魁北克小学社会历史轴

图例：
社会群体
社会组成形式
社会变化
社会多样性

第三循环
第二循环
第一循环

因纽特人和加拿大印第安人社会　魁北克社会　约 1980 年　非居民主社会　约 1980 年

魁北克社会　约 1905 年　加拿大草原地区社会　约 1905 年

加拿大社会　约 1820 年

伊洛魁社会
北美法属殖民地加拿大社会　约 1745 年　十三个殖民地社会　约 1745 年

北美法属殖民地法兰社会　约 1645 年

伊洛阔魁社会
阿尔冈冈社会　约 1500 年　印加社会　约 1500 年

今天
1900
1800
1700
1600
1500

　　加拿大的三种小学社会课程内容结构模式都以综合的方式进行,学生有机会学习那些跨越数门学科、高度综合起来的课程,以人类社会问题、社会现象为着落点,创设良好的课程环境。通过促进小学生接触社会、认识社会,发展其综合能力与社会能力,从而把与课程目标有关的经验、知识等整合起来。在此基础上,让学生运用思维能力去尊重认同社会的主流价值观,与此同时实现对于社会实践与社会参与的有机地整合以及社会责任感和国家主流价值观的有机统一,其品德与价值观的教育是通过社会认识渗透进去的,建立在宽厚的社会认识与理解基础上。

2. 以公民素养为主的内容组成

　　加拿大的小学社会课程明确提出培养有国家认同感、有包容、有批判能力、负责任的“好”公民要求,在对其课程组织模式的分析中我们也可以发现,不管以哪种内容组织模式建构的小学社会课程都紧紧围绕着公民素养要求,将政治学、经济学、伦理学、社会学、历史学、地理学、人类学、文化学等诸多学科领域的内容整合起来。表 4-9 是依据各省教育文件,以小学一年级为例对小学社会课程内容进行的说明。

表4-9　加拿大小学一年级社会课程内容概要

省或地区	社会课程主要内容(以小学一年级为例)
不列颠 哥伦比亚省	公民身份、社会和文化: ◆生活中的变化◆家庭之间的差异◆社会结构◆小组合作的方式◆加拿大的特征 管理: ◆在家庭、学校中的角色、权利与义务◆课堂的目的和学校的期望 经济与技术: ◆个人需求◆社区工作类型◆钱的作用◆科技简化生活的方式 人类与环境: ◆认识加拿大地图◆环境的作用◆不同环境的特征◆保护环境的方式

续表

省或地区	社会课程主要内容(以小学一年级为例)
阿尔伯塔省	公民教育:归属感和联系 1.1 我的世界:家庭、学校、社区 1.2 走向过去:我的家庭、我的历史、我的社区 ◆对公民身份的基本介绍◆对社区概念的基本介绍◆监测学生自我认识程度◆如何运用历史的观点进行思考
大西洋省份	第一单元:集体 ◆理解人们之间交流的重要性◆理解社会性和文化性集体的相同点和多样性◆理解集体中人们的权利和义务 第二单元:环境 ◆认识环境的特征◆描述人类是怎样和自然相处◆保护环境的实践 第三单元:空间和时间 ◆理解地标的含义◆理解人们居住在社区的方式◆理解随着时间的改变人们关系的变迁◆解释如何随着时间的变迁和社区中的人们交流 第四单元:需求 ◆认识需求之间的不同◆理解需求之间的关系
萨斯喀彻温省	公民身份: ◆自己◆集体——家庭、班级◆相同点与不同点◆合作 传统: ◆家庭传统、习俗和节日◆家庭的历史◆多元文化传统 独立: ◆满足家庭的需要◆建筑◆责任和角色◆交流 决策: ◆家庭中的变化◆在学校和家庭中做决策◆家庭和学校准则◆改变决定◆冲突的解决
曼尼托巴省	归属感和联系 第一章:归属感 ◆通过社区中的集体理解个体之间的关系◆探索家庭和社区之间的文化◆探索传统和习俗与过去之间的联系

续表

省或地区	社会课程主要内容（以小学一年级为例）
曼尼托巴省	第二章:我的环境 ◆使用地球仪和地图理解环境◆探索社区的多个组成部分,包括自然环境、地标建筑和重要地方◆理解国家的语言◆区分需求◆探索媒体的影响 第三章:和别人的联系 ◆理解作为社区成员的权利和义务◆理解人们是如何满足自身需求并影响他人◆探索如何解决矛盾
安大略省	传统文化和公民:关系、规则和责任 ◆理解在家庭、学校和社区中所应承担的责任◆理解关系、规则和权利随时间的变化 加拿大与世界的联系:当地的社区 ◆探索社区的特性和功能◆调查人们如何在社区中交流◆认识社区在满足人们需求中的作用
魁北克省	能力:培养学生关于时间、空间和社会的表述 ◆以时间为轴理解生活中的每一个方面◆适应时间和空间◆理解国家的组织◆探索一个地方随时间的变化◆比较社会环境随时间的变化
西北地区	我们身边的人 主题一:家乡和家 ◆家◆尊重◆传统◆分享◆责任◆亲戚 主题二:家乡和学校 ◆学校◆准则◆教育◆不同 主题三:家乡和社区 ◆变化◆社区◆邻居◆合作

注:出于部分省及地区共用一套文件的现状,暂且列举八份课程文件的主要内容

从上述内容可以看出,各省课程内容有异有同,学生的知识积累和个人能力的培养得到了共同的关注,社会参与能力的提升和参与意识的培养得到了共同的关注。

通过对加拿大课程标准的分析,整体上来讲,加拿大小学社会课程包括以下几大方面的内容:

(1)理解加拿大的教育

学生通过对于包括历史、地理、政治、经济、文化、法律等多方面的知识在内的人文社会科学内容的学习,实现对于加拿大国情的基本了解,使本国多元文化的认同感以及爱国热情在此过程中得到强化,最终为合格公民的培养奠定基础,这就是加拿大小学社会课程的主要目标。

在小学社会课程的历史教育中,学生对历史的探索理解以及对历史的未来影响的认知是通过对历史大事件、人类行为重要变迁的学习而获得的。学生加深对国家历史文化的认同感的方式是通过以历史的思维方式对国家发展过程中的重要历史人物事件以及历史遗迹进行学习探讨,把握隐藏在加拿大的纷繁历史发展过程中的脉络。

在地理教育中,学生认识本国所处的环境及其与文化之间的联系方式是通过对包括地理位置、省份及地区的划分、人口及种族分布、人与自然的相互作用等内容在内的加拿大基本地理知识的学习。另外对地球的结构、地理环境的变迁、环境和气候、各地风俗习惯等各个方面的学习,能够帮助学生多角度、用联系的观点来看本国在世界进程中的发展态势。

在文化教育中,由于加拿大受多元文化的影响,学生侧重通过对于土著民族的历史、风俗及作用的了解,英法双语的学习和应用,跨种族的文化传统、风俗习惯的知晓来充分认知加拿大本土多元文化的特征,养成包容差异性、多样性的心理习惯,从而强化心中对于国家的由衷认同感。

在政治教育中,学生被要求详尽了解包括公民选举程序、政府的职责和职能、党派的构成、公民权利和义务,以及公民的行为和价值取向等知识在内的加拿大的政治体制的运行方式,以及自身公民身份的含义。通过对政治时事话题的探讨来锻炼学生的政治敏感度和猎取信息的能力,以民族主义促进对于国家政治的参与也是课程设置的内容。

在法律教育中,旨在通过多种课程的实施,使学生能够真正地感知法律的权威性,培养具有正义感的合格公民。由此要求学生学会包括法律的相关概念、基本原理和本质、法律所赋予公民的权利和义务、中央与地方的立法机构组成和工作程序在内的知识;以及如何有效地运用法律来解决生活中所遇到的实际问题的能力等。

在经济教育中,学生被要求了解包括经济体制、市场运行规律以及货币知识在内的经济学概念;知晓加拿大目前的经济状况以及源自于全球化的相关经济问题;关注少数民族地区的经济发展现状以及各省之间的经济往来联系。

(2)环境教育

环境变化是与人类生存发展有着直接联系的重要变化,因为自然环境乃是人类生存与发展必不可少的物质基础。环保重任需要每个公民的努力,无论是国家公民抑或是世界公民,为更好地担当这一责任,从小培养小学生的环保意识是必须的教育内容。加拿大小学社会课程,作为小学公民教育重要课程,特别强调环境教育的重要性。生态系统的组成、自然资源的辨别及开发利用方式的探讨;人与自然的相互作用及其影响;当前环境状况的掌握与未来变化趋势分析;环保方法和手段及对未来科技的要求;世界范围内政经文与环境变化的双向影响等是环境教育的主要内容。以真实事件为例,从而使学生在社会课程内容丰富的情况下加深对环境相关问题的认知理解,与此同时让学生认识到当今世界环境的保护已刻不容缓,使其保护环境与亲身参与的意识得以充分认识加深,做到从小处实践并身体力行。

(3)多元文化教育

文化和社会的多样性是加拿大小学社会课程受到多元文化背景的现实作用影响而一直围绕着强调展开的核心内容。为促进各民族、文化之间的融合以求共同发挥其价值,推进加拿大的积极发展,多元文化教育的开展目的有以下几点:其一,使学生对不同土著民族的风俗习惯、传统文化之间的差异性、多元性,以及由此产生的对加拿大历史发展的重大推动作用有所了解;其二,通过对法裔民族的语言和文化的了解以求深入理解其价值观内涵;其三,对少数民族的文化及其特征进行介绍,从而发自内心地认同其独特信仰,理性认同其在加拿大多元文化建构过程中所起到的作用。

(4)全球化教育

加拿大小学社会课程认为在多元文化背景下,随着时代的进步,各国政治、经济、文化等方方面面的发展以及全球化浪潮的深刻影响,为了使学生深化对世界的理解和认识,将时代特征融入课程内容之中,并与之结合是必须的。为了培养学生对相关国际事务知识的了解,增加其国际责任感和正义感,并进一步为其打下成为世界公民的坚实基础,需要开展相关课程,例如国际关系、国际利益、国际法则等;为让学生深刻认识到潜藏问题,并培养其对问题的批判性思考习惯,提高其对问题的解决能力,需要深入了解各国在全球化进程中暴露出来的政治、经济、文化等相关领域的变化情况;通过对于国际热点问题的关注来培养信息获取、信息整合的能力,在此过程中增强全球性问题在学生头脑中的热度和敏感度,在对世界情况的认识得到加深的背景下积极参与以改善和解决问题为核心的实践中去。

按照加拿大对公民素养的三维要求,结合其内容要求分析,从宏观上来看加拿大小学社会课程内容,主要是围绕以下几个方面来展开的(见表4-10)。

表4-10　加拿大小学社会课程内容组成

知识与理解	价值观	技能
历史、地理、生活	普遍认同	学习技能
经济	共同价值	使用地理工具的技能
文化	多元文化	图表的技能
法律	公民素质	公民的技能
环境	权利与义务	阅读的技能
伦理与道德	归属、忠诚等国家认同	思维的技能
社会制度与政治体系		
国际交流与理解		

(三)加拿大小学社会课程内容的特色

课程的内容对于加拿大小学社会课程的发展而言是关键的环节,在其小学社会课程内容组织模式的梳理中,我们可以清楚地看到体现学生本位取向与强调综合化是加拿大社会课程关注的主要问题。

1. 课程组织模式体现学生本位取向

学生本位取向课程是从学生的兴趣、目的以及需求出发的,探究学习、责任承担,为学生提供了人性化选择和多样的自我实现的机会。与存在压抑感的传统教学截然不同,学生本位课程是对传统课程的有力且全面的批判与反思。

学生本位课程对学校的传统分科课程进行了全面的反思和批判,与传统学校中普遍存在的压抑和强迫相反,这种课程从学生的需要、兴趣和目的出发,让他们通过学习探究、承担责任、进行个人化选择,给学生提供丰富的自我实现的机会。所以,学生本位为核心的课程是一门在参考了经验兴趣和知识的情况下,增加了对学生经验关注的一门新型综合型课程。学生在教师的间接引导下通过对社会、个人以及智力问题的关注、学习以及探究来获取经验。必须强调的是,传统学习科目的呈现方式将会更加间接。这些科目的性质将会得到改变,工具性得以凸显,目的性则将淡化消失。这一全新的课程模式具有明显的联合体性质,与之相关的人或组织包括杜威等人以及新教育联谊会等,它的理论基础包括了发展心理学、国际进步教育相关实验体、知识与社会行为构造主义理论等。

以学生为本位的课程模式具有两个最为基本的特征:首先,"不是任何科目,而是儿童处于学校的中心。"[①]有机整合与活动相关的主题方式,强调学科界限的打破以及学生应该取代学科体系成为课程内容选择和组织围绕的中心。然后,根据学生的兴趣与变化来完成对课程内容的能灵活调整,随着他们的积极参与而进行。学生个体经验由于这一密切联系而形成并不断丰富,健全人格得到了更好塑造。但美中不足的是,系统的文化知识体系难以被学生在这一课程模式中掌握。

公民教育是加拿大小学课程体系中的宗旨,也将个性社会化发展作为内容构建的主要目标。无论是主题轴、概念框架还是学科主体模式,其多样化的综合结构模式都改变了依据单一学科体系构建课程的传统,探索非学科逻辑构建学习内容,从儿童现实生活和经验出发,以儿童生活范围的逐步扩大和经验的不断丰富为基本依据,不遵循严格和界限清楚的知识系统,不追求知识的

---

① 单中惠. 外国教育思想史[M]. 北京:高等教育出版社,2000:213.

系统性和完整性,而是注重学生的成长,即以学生的发展为本,体现出学生为本的价值取向。

2. 课程组织模式凸显出综合化倾向

综合性是由课程组织模式和知识系统两者的综合性共同构成的。环境扩展模式的课程内容组织几乎是社会课程设置之初世界上开设社会课程的国家的共同结构,加拿大的小学社会课程,在课程设计之初也采取了这种同心圆扩大的结构。随着课程理论和教育思潮的发展,以及加拿大对公民素质的要求和社会课程实践的经验,加拿大逐渐构建起新的、适合本国(省)学生学习的课程体系,不再是单一的环境扩展结构,而是打破了小学课程内容之间的学科界限,创设了更为广阔的综合课程空间,呈现出融合型特点。

加拿大教育在联邦体制以及多元文化的影响之下,采取了各省及地区教育部门自行制定相关教育文件并监督实施的省级自治原则,正因如此加拿大缺少全国统一的社会课程标准,也没有全国统一的社会课程结构,省教育部依据本省情况制定社会课程标准,社会课程结构的多样化由此得到体现。各省在这样的管理体制下参考自身社会发展与要求制定出的社会课程标准,就可以按照社会的发展变化及时地进行修订,从而更开放与灵活,也使得课程内容结构较为丰富多样,有按照学生社会性发展为主线的主题轴结构,有按照公民素养培养为主线的概念框架结构,有按照学科为主线的学科主体结构。总体而言,这些模式都强调综合,具有开放性和灵活性,学生有机会学习那些跨越数门学科、高度综合起来的课程,从而实现以下几点的有机整合,包括相关的课程目标经验、知识,社会责任感与国家价值观,社会实践及其参与。

依据这样综合化的内容建构模式,加拿大小学社会课程在内容上,将原有相互隔离的分科课程的内容按照儿童身心发展规律和社会认知心理,原有分科课程的内在逻辑、价值层面的相互关联,以及科学成果和现代社会生活等统一整合起来,形成体系简练且富有弹性的、富含多种内容的知识领域。其综合性至少体现在三个方面。第一,人文社会科学相关知识的综合。加拿大主题轴模式直接以主题轴构建内容结构,每一主题轴均由多条线索(学科)揉合而成,形成一个有机整体;概念框架模式以公民素养培养为基础,在学科概念基础上,整合公民概念框架,把知识内容整合;学科主体模式以历史为时间轴,以地理为空间轴,把社会生活常识、地理、历史、经济、文化、政治、法律、环境等诸多领域整合在一起,实现儿童的能力发展,从而实现了小学社会课程的一体化。第二,人文社会科学知识与学生社会生活及其经验的综合。相关人文社会科学知识的综合与学生的社会生活,以及学生的生活常识和生活经验的整合在加拿大小学社会课程教学中得到了实现。这样的整合有两方面的作用:一是可以有效地促进学生的社会性发展;二是使得课程具有亲和力。学生感到课程与他们的生活息息相关,就会在情感上认同它。第三,知识、方法、能力与情感、态度、价值观的综合。作为小学阶段的基础性必修课程,社会课程承担了知识教学的任务;方法与能力的培养在综合课程中更加得到强调;社会课程属于人文社会科学范畴,尤其需要发挥其社会功能方面的教育作用,态度、情感,尤其是价值观培养,是社会课程的灵魂。因此,加拿大小学社会课程侧重培养学生的公民素质与健全人格。

3. 课程内容构成突出公民培养

加拿大小学社会课程明确提出培养合格公民的目标,是进行公民教育的重要课程载体,所以在课程内容的组成上贯彻了课程目标的要求,强调公民素养的形成。第一,在公民政治维度的考虑之下,法律的地位得到了明显强调。客观存在的现实告诉我们,外人以及陌生人这些概念总是被具备现代意义上的公民身份不自觉地进行划分。特定民族国家的历史发展轨道对于陌生人、公民和外人的权利义务组合结构起到了决定性作用。[①]法律上习惯于将公民身份与国家概念捆绑在一起,对于其是否具备所在国公民身份进行了明确规定,之所以如此,是因为国际上习惯于将公民定义为归属于特定主权国家的人。对于公民和国家而言,权利与义务这对关系的重要性是不容忽视的,而且对于双方都是平等的。这对关系实际上规定了公民的法律义务,而这种法律关系能否持续则取决于国籍的有无。[②]加拿大的小学社会课程包括对基本权利与义务、社会公共生活与法规、法律的关系等内容的学习与掌握。第二,公

---

① 恩靳·伊辛,布雷思·特纳. 公民权研究:导论[A]. 恩靳·伊辛,布雷恩·特纳,王小章译. 公民权研究手册[C]. 杭州:浙江人民出版社,2007:5.
② 布赖恩·特纳. 文化公民身份的理论概要[A]. 尼克·史蒂文森. 文化与公民身份[C]. 长春:吉林出版集团有限责任公司,2007:15.

民身份更具有一种对于国家的情感认同,一种无论是战和与否均被国家重视的认同,尤其是多民族国家中各个民族对于超越种族意识的认同,而不仅仅只是一种机械的、法律性质的纽带。不论在和平时期还是在战争阶段,国家都需要公民的认同与忠诚,特别是多民族国家更要一种超越种族的忠诚。而要想实现这一目标,就必须充分利用这些与国家相关的故事与记忆来建构国家形象、意义以及文化,以此来构建个体认同。①所以,加拿大小学社会课程强调通过对家乡,对国家历史、地理、传统、爱国故事等内容的理解建立起公民与国家相联的文化眷恋,建立对国家和民族的自豪感和责任感。第三,公民道德在行为维度方面得到了强调。公民身份实际上是一种由道德、法律、爱国主义与民族荣誉感、共同认同在内的关系集合构成的,尤其是道德原则起到了举足轻重的作用,只是以不明显的方式藏于其中。特定的道德行为、社会实践和文化信仰的范围正是由于这些特定关系集合而形成的。加拿大小学社会课程的建构提出了儿童积极参与社会、践行公民身份的内容,希望儿童能够在学习过程中强化维护公共意义上的善的概念,为此则需要公民在广泛参与社会以及政经文的过程中产生对于国家以及族群的归属认同感。最后,强调平等。平等这一原则是公民身份的本质,想要实现这种平等需要在一定范围内保持权利与义务二者之间的平衡。这一原则不仅促使公民身份的发展提出了法律面前人人平等,使公民身份普及化。加拿大小学社会课程强调理解公民在社会、法律和政治体系中的平等与公正,强调对于种族、民族、性别等差异的尊重,进而形成对平等的初步理解。第四,加拿大的小学社会课程体现一种公民适应社会发展的"思维训练"取向,在课程维度上重视认知与技能的获得。坚持以人类社会问题、社会现象为着落点,通过历史、地理(人文地理为主)、社会、政治、经济、伦理学等多门学科领域知识的综合,多视角、多维度地反映人类社会的方方面面,促进小学生接触社会、认识社会,发展其综合能力与社会能力。通过启发学生对问题复杂性和关联性的深入思考,让学生运用思维能力去尊重认同主流社会的价值观念,将品德与价值观的教育通过社会认识渗透进去,使社会与国家认同在宽厚的社会认识与理解基础上形成。

---

① 约翰·索洛莫斯. 种族、多元文化主义与差异[A]. 尼克·史蒂文森. 文化与公民身份[C]. 长春:吉林出版集团有限责任公司,2007:303.

4. 课程内容设计呈现连贯性要求

课程连贯性是指课程年级与年级的逻辑延续性和连续性,课程内容是按照一定逻辑或主线有序上升的。课程内容又是为实现课程目标、达成学生预期变化而组织起来的教学与学习的内容和经验。明确地表述课程目标的实现在一定程度上为基本方向在课程内容的选择和组织上的确起到了作用。[①]在加拿大多层次的整体目标体系建构方式下,学习目标与内容相交融,成为一体化的体系,使其小学社会课程内容从整体上呈现连贯性。

加拿大的小学社会课程,从幼儿园开始就整体规划,主线贯通小学全阶段,在诸如不列颠哥伦比亚省的社会课程标准中,甚至可以看到高中社会课程的课时要求和学业要求。课程组织模式一以贯之,课程内容形成体系,从简单到复杂,由低年级向高年级逐渐加深的发展。如主题轴模式课程内容体系由浅至深,在小学每个年级重复出现,螺旋发展。安大略省小学社会课程在时间轴上即历史内容侧重于从十八世纪初到 1914 年在加拿大发生的历史,学生将学习如何运用历史思维方式研究过去。而 9 年级(初中)开始将着重讲述加拿大从 1914 年到现在的历史,并且涉及相关的课题、概念和方法论也将在初中开始深入学习。而空间为主的地理内容,在小学阶段则侧重让学生有机会探索世界自然地理和世界人文地理中的多样主题,培养空间技能,学习如何运用地理思维和地理探究步骤。这些内容为 9 年级开始的加拿大具体地理问题的学习奠定基础。所以加拿大的社会课程从小学到高中是继承与发展的关系。

另外,以关注"人与知识的关系"为趋向设计课程内容。将知识视为一个存在于人类的相互作用以及客观世界与人类的相互作用过程中,与人有着密切关系的有生命力的存在。学生在被要求掌握与之相关联的知识与技能的同时更加被强调理解人类与知识二者之间的关系以及相互作用。例如,明确在课程标准设计的哲学基础中指出"为了更好地理解现在,需要让学生了解重要的历史人物、地名、事件与问题"。以不列颠哥伦比亚省地理知识为例:

• (一年级)熟悉加拿大的地图;辨别不同环境的特点;关爱学校及周边环境并对其做出负责任的行为。

• (二年级)分析地貌特点,定位水域以及找出一些具有民族意义的地方,

---

① 施良方. 课程理论——课程的基础、原理与问题[M]. 北京:教育科学出版社,1996:106.

包括：太平洋、大西洋、北冰洋、范库弗岛、落基山脉、当地一些相关的地方；描述人们对环境应承担的责任；阐述地理环境对人类的活动的影响。

• （三年级）在地图上定位不列颠哥伦比亚省和加拿大的水域和地方的位置，包括：圣劳伦斯河、五大湖、夏洛特皇后岛、加拿大地盾、哈德逊弯、当地其他的地方；分析加拿大各省区以及其他加拿大领土的特点；展示出对当地环境的责任感；阐述地理环境是如何影响早期人类在当地定居或在被研究的其他地方定居的。

• （四年级）利用地图和地球仪来定位：地球的南北半球、世界上的大陆和海洋、已有人研究的土著居民区；分析已选定的卑诗省或加拿大中的某些地名的意义；描述原土著居民与土地以及自然资源之间的关系。

• （五年级）描述加拿大主要的地理区域；介绍不列颠哥伦比亚省和加拿大的自然资源所处的地理位置，其中包括：渔业资源以及海底资源、森林、矿物质、各种能源；解释可持续性发展的重要性；分析不列颠哥伦比亚省和加拿大的早期定居者对于环境的影响。

• （六年级）分析文化与环境之间的关系；根据所选的国家，阐释影响聚落形态以及人口分布的因素。

• （七年级）分析地理环境对古代文明的影响；阐述在古代文明中，人们的活动对地理环境有着怎样的影响。

简而言之，课程内容将"人为"的存在和"为人"的存在作为知识的特征，强调知识与人的"相互作用"、客观世界与人的"相互作用"。

五、加拿大小学社会课程的教学模式

作为人类特殊的实践活动方式,教学是一种社会实践行为,同时也是文化建构的一种形式。社会课程的教学,不仅是社会课程价值的体现过程,也是人文社会科学教育和道德教育二者相结合的过程,更是师生共同建构知识和人生的生活过程。它关系着能否培养出富有人文社会素养及主体性、实践创造性的合格公民。在社会课程的教学过程中,教师采取何种教学模式,将直接影响学生能在多大程度上形成自身合格的公民素养。在当今社会课程的教学中,其教学类型与模式是多样化的,究竟采取何种教学类型或模式,则取决于教学目标、教学内容以及学生的实际能力等。

(一) 加拿大小学社会课程的主要教学模式

在文化多元的加拿大,由于没有全国统一的教育部,因而加拿大各省对教师并无统一的教学要求。在其课程体系中,一般是由教师自行采用合适的教学策略。但是,这并不妨碍其教学贯彻了儿童主体性、尊重差异性和方法多样性的原则。总体而言,加拿大社会课程所采用的是"课堂—校园—社会"分层立体的教育模式,而且,在多元文化的影响下,加拿大社会课程内容也丰富多彩,因此,其教学方式相应呈现出多元化的景象。根据伊恩·汉第南(Ian Hundey)和马克·埃文斯(Mark Evans)的总结,我们可以将加拿大小学社会课程的主要教学模式分为以下四类。[1]

1. 故事模型模式

在故事型教学模式中,故事是社会课程的中心。它主要是指教师运用故事的方法帮助学生将重要部分概念化的一种教学模式。部分教师不仅使用故事作为其教学的一部分,而且将"故事"作为计划学科及组织教学的基础,从而增加教学的吸引力,丰富儿童想象力。他们把故事为基础的计划作为一种可

---

[1] Evans,M.,& Hundey,I.Instructional Approaches in Social Education:From "What to Teach"to"How to Teach"[A]. Vancouver:Pacific Educational Press,2004:225–23.

靠的方式来连接学生的思维与真实世界,并且作为发展综合或整体课程的一种方法。例如,在加拿大社会课程中所涉及的"冰川消融的故事""移民潮的故事"以及"发展权利和自由的故事"。故事型教学模式运用有趣的人、有趣的事、自然现象以及政治突破的故事来诠释社会课程学科中的话题。在这些故事中,教师需要掌握"故事"的成分,包括戏剧、英雄主义、灾难、胜利、情感、想象以及民族之间的共性等。这些成分不仅对儿童具有很强的吸引力,而且也为学习提供了强有力的工具。通过故事,儿童明白如何理解世界及他们自身的经历。

有研究者还特别探索了故事作为学科和教学基础的可能性。苏珊·德雷克(Susan Drake)以冒险作为基调,提出了类似"英雄之旅"的故事模式。从表面上看,该类型的故事重在讲述英雄与龙之间的战斗,而事实上是有可能引导儿童将这部探险旅程故事作为研究探险或殖民的基础,或者是政治激进的开拓和公民权利的改革。

德雷克的这种故事型发展综合学科的形式在加拿大有着较为广泛的应用,社会课程的教师也较为熟悉。该模式在处理话题或问题时涉及了以下几个步骤:

①确认现有的故事为何处于不断变化的状态。

②通过回顾过去和老故事,确认冲突的根源和老故事中的隐性价值。

③通过以下几点探索未来:

(a)预测的故事(基于跟随老故事的价值);

(b)理想的故事(基于理想价值)。

④通过老故事中整合的必要性以及理想的故事中的可行性来组成新的故事。

⑤发展成一个个人的故事:以个人立场或个人行动方式的新故事。

实际上,德雷克的故事模式的思考方式并不局限于其所提出的冒险故事,其内容也涉及了多个方面的主题,如:一项发展在良田上的住宅工程,对历史城区的重建,对原始森林伐木,或是对联邦大选比例代表制的介绍等等,都可成为该模式中的话题。

另一位研究者基兰·伊根(Kieran Egan)则提供了一种替代方法,也对设定教学必须从具体到抽象提出了反对意见。他的故事模型提出了一种"利用故事形式的力量并将那种力量用于教学"的框架。而且,伊根还提供了大量适用于社会课程的教学模式,如哲学设计模式、神话设计模式等。诸多实践已经证明,神话设计模式在社会课程教学中取得了较大的成功。

那么,具体而言,故事型教学模式主要从以下几个方面展开:

①确认重要性。这一方面主要在于确定本话题的重点是什么? 其富有影响的参与是什么?

②找出二元对立。引导学生理解何种二元概念能最好地捕捉情感话题的重要性?

③将内容组合进故事形式。在这里,主要解决几个方面的问题,包括什么内容为话题提供机会而最能体现二元概念,什么形象最能捕获内容及其鲜明对比等等。

④结论。着重解决二元概念中固有冲突最好的方法是什么,适合寻求的调解程度是多少,什么程度才适合将二元概念构建明确等问题。

⑤评估。完成教学过程之后,对学生如何知道话题,是否被理解,重点是否抓住以及内容是否学会等进行评估。

案例:土地利用——废弃的运河

教师向全班同学提出议题:城镇边缘的古运河将被摧毁,因为这条运河太危险了,运河堤岸岩石剥落,水闸四周的栏杆坍塌。教师记录学生的反应,然后要求他们设想摧毁运河的替代选择。

教师需要引导学生从以下几方面作出思考:

①辨别重要性。这是一个很重要的话题,因为它是地方社会的一个问题:该如何处理废弃百年之久的运河? 此话题相当吸引人的情感,因为大多数学生会在水闸或运河沿岸玩耍。

②找到二元对立面:保护对战毁坏。

③将内容赋予故事形式中。

课程或单元主体的构造:

学生探究三种替代选择:(1)摧毁水闸,填平运河;(2)让运河变安全,在运河旁边建立步行道,保留运河;(3)重建运河,用于划船。分组合作,学生考虑替代选择的评估准则：成本、公众支持、政策支持、技术复杂度。学生们采访当地政治家，进行家庭调查和同级调查，咨询当地历史协会和自然主义者协会，并参观社区工程办公室。学生们自己讨论一种替代选择，并将他们的发现呈给镇议会。

结论：

学生们发现许多社区成员将运河当成当地的旅游特色并将其视为鸟类和鱼类的保护区，他们强烈反对摧毁运河。学生们还发现，重建运河水闸用于划船代价太高，且没有充足的现代供水系统。他们得出结论，最佳的替代选择是保留运河，让运河变安全，并在运河旁边建步行道。公众支持这一想法，并且一些镇议会也同意。成本是一个问题，但是学生们打算游说省级政治家，并找到赞助商赞助这个保护计划。

评价：

学生们根据准则提交他们组对替代选择的分析。并且，学生们各自提交书面论述，总结他们在社区和政治进程方面的所学，以及他们从自身学习到的东西。

教师依据学生对二元对立面的认知听取报告：我们为什么要努力保护自然景观或人造景观的特点？在保护和摧毁这两者间涉及了哪些社区张力？在哪种情况下摧毁地方特色是可接受的？在评估此类事件时有哪些政务流程？市民能够起到何种作用？

2. 批判性思维教学模式

在加拿大，培养儿童批判性思维能力是社会课程教学的主要目的之一。因此，批判性思维教学模式在加拿大社会课程教学中也较为常见。

"批判性思维"对于不同的社会课程教师而言有不同的含义。部分教师认为批判性思维是合理怀疑或对学术严谨的一种鼓励，也有部分教师认为批判性思维通常被视为通过教学策略发展出的技能领域的一种方式，例如问题解决或决策。这些方面导致了对批判性思维的局限的观点，将其归入课程中的章程，并加剧了教师对覆盖核心内容的关注及他们对批判性与批判性探究的兴趣之间的紧张程度。由 21 所学区、三所大学以及一些在英属哥伦比亚的省级社团的批判性思维联盟则将批判性思维解释成"通过思考关于相信什么或是如何行动的问题,思考者做出合理的判断,从而显示其有能力胜任。

近几年里,加拿大提出了越来越多的批判性思维的综合方法。对社会课程学科来讲,在这些方法中批判性思维被视为基础元素或核心。但是,批判性思维教学模式不仅是从教学书上实行一些策略这么简单,它还是在课堂中一种生活的方式,"批判性思维在某种意义上来讲是一种好的思维。它是思考的质量,并不是思考的过程,这从非批判性思维中区分开来"。

批判性思维教学模式涉及五个方面的原则:第一,知识不是固定的,但总是服从于复查和变化;第二,没有什么问题是不能或不该问的;第三,对另类世界观的换位思考是必不可少的;第四,需要容忍力;第五,对文本持怀疑态度也是有必要的。基于这五方面的原则,批判性思维教学模式通过四个部分来帮助学生提高自己成为批判性思考者。

①在学校和教室里组建思考者小队,促使其经常体验学习要求的批判性思维,参与进行批判性思维及与他人共同合作的对话,批判性地检验自己或同伴的功课,并将老师看作实践批判性思维和在学习中共同领导的榜样。

②将严峻挑战自始至终注入学科中,这样学生们可以谨慎地处理要求批判性思维作为回应的问题。四个问题引导了严峻挑战的选择:任务要求做出判断吗?挑战对学生有意义吗?它反映出学科的主要主题构成了吗?学生们有工具应对挑战吗?或者是否可以教他们如何应对?

③为批判性思维开发知识型工具,这样学生能获得知识、技能来应对严峻挑战。教授背景知识、评判准则、批判性思维词汇、思维策略以及思维习惯。知识型工具是评估学生功课的准则的基础。

④评估学生在使用工具时的能力,从而在为提倡批判性思维教了什么和对什么进行评估评价之间达成一致。

案例:移居西部

该教学案例中,教学由以下4个部分构成。

①创建一个批判性社区

在学期开始时,学生和老师一同参与合作练习来确认关键点(例如,理解概念,如冲突和变化的重点,寻找话题局部联系的重点),并为社会课程提出课堂管理规范(例如,提问和答疑同样重要以及尊重不同的观点)。在先前的话题中,学生们已经参与进合作团队的活动(例如"圆桌活动"以及"三步采访"等活动)中,在分享观点、倾听对方和以他人想法为基础来获取经验。

②教师为学生提供严峻挑战

话题中批判性的问题是:"哪三种因素最能解释为什么在1880—1914年这段时期移民者迁往西部这一问题。"

③教授

第一,背景知识。学生从课文、图书馆资源以及网上获得关于移民因素的知识。因素包括移民者本土的经济和政治压力、西部新生活的吸引、西部新铁路方便旅游、免费或廉价的土地、移民管理机构以及个人或家庭原因。他们在早些课中回顾了学习到的对推挽式概念的理解。

第二,判定准则。教师和学生开发了一系列准则来决定哪些因素最能激发兴趣。例如,哪些因素最能提供生理和心理安慰,哪些涉及了最严重的财务问题以及哪些满足了移民的文化愿景。

第三,批判性思维词汇。课堂回顾了类似术语,例如:准则、普遍化、观点,以及多重因果性。

第四,思维策略。换位思考活动。以小组为单位,学生从东部加拿大农民、东部加拿大工厂工人、西部欧洲工厂工人、中部欧洲农民、原住民及混血移民者(从接近西部的地方向更西的地方移居)的观点去思考向西部移民的原因。每一组学生用一张图表来表明特定的移民最引人瞩目的原因并证明这一连串原因是合法的。

第五,思维习惯。学生实践构想并支持一种立场,对这种观点和人类状况不同于其本身产生同感。

④评估

进行小组展示,学生独立设定组员角色而不是他们本身的角色。他们通过撰写论文对其角色、新环境以及移民去西部的三点主要原因进行解释。

3. 强效课堂教学模式

强效课堂教学模式是由以詹姆斯·拉德维希教授和鲍勃·林加德教授为主导的加拿大学校改革纵向研究组与来自澳大利亚的教育研究者共同开发的一种综合性社会课程教学模式。这种教学模式不仅是一种特别的教学策略,同时也是一种思考教学的方法。它试图以经验回应两个中心问题:何种课堂实践对增加学生学习有效以及何种课堂实践对学生学习更加公平。该模式要求教师谨慎思考如何教,教什么,甚至包括对学习风格、学生的背景、课本内容等进行较为深入的思考。因此,强效课堂教学模式强调了 4 个方面的内容,即智力素质、关联性、支持课堂环境及区别辨认。

①智力素质,集中于知识获取和知识应用。加固这一特征的信念是所有学生都应展示高智力素质的功课。教学方法鼓励、要求学生展示深层的理解并执行任务,从而反映更高层次的思维、解决问题以及建构主义思维形式,而不是信息传输。本方法是让学生参与进好的建议和复杂的理解。

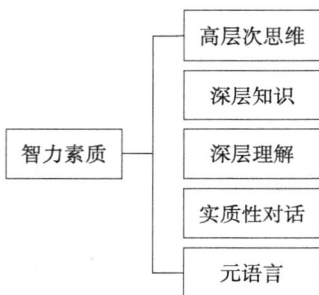

```
                    ┌─ 高层次思维
                    ├─ 深层知识
         智力素质 ──┼─ 深层理解
                    ├─ 实质性对话
                    └─ 元语言
```

②相关性,重点在需要确认学习的重点与学生相关,且与课堂外的重要主题或事件相关。教学方法鼓励帮助学生检验真正的问题及真实世界的问题,并与过去的经验和背景知识以及课堂外的世界做出联系。

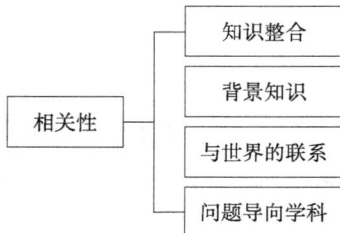

```
                   ┌─ 知识整合
                   ├─ 背景知识
          相关性 ──┼─ 与世界的联系
                   └─ 问题导向学科
```

③支持课堂环境,重点在创造一个包容性学习环境的重要性,是对所有学生各式各样的学习需求的尊重和重视,特别是来自不具备优势家庭背景的学生。教学方法鼓励为学生的成就、学业投入以及高等级的自我调节和导向提

供支持。

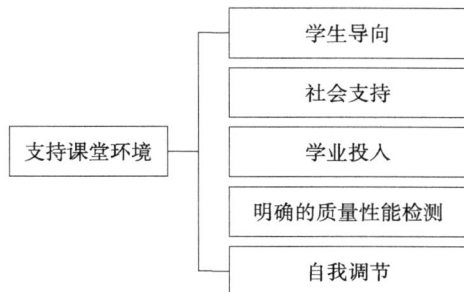

④区别辨认,在其他教学方法中没有提出的一项元素。它集中于评估个人和文化差异的重要性,特别是非主流性的知识。教学方法强调辨认差异,其"包含了对非主流团体的包容性"。

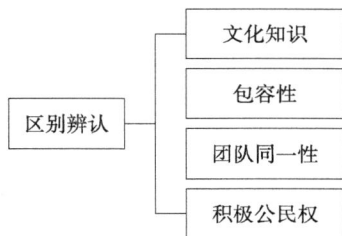

　　上述四个方面贯穿于特定社会课程课目中,教学活动和使用的策略与学习的重点保持一致。其中,一种策略的某一个方面可能用于某篇特定课文或单元里,或者是多种特征融合在一篇文章或单元里,从而获取更多复杂的学习成果。

案例:"少年的权利"论坛

　　本案例强调了上述 4 个部分中的第 2 类:相关性("与世界的联系"和"问题导向学科")以及第 4 类:区别辨认(积极公民权)。后者提出了越来越多的人关注在课堂和学校中如何鼓励积极公民权,从更传统和被动的方式发展到变化和积极的方法;在强效课堂教学文章中的积极公民权认可了在参与和责任方面的民主参与度的重要性;连续的实践提供了"极简主义"和"反对妥协"之间的对比反差。

①重点

本教学策略集中于少年的权利。它是各种教学策略的融合,包括决策、团队研究以及角色扮演。它强调调查、批判性推理、人际沟通、决策,以及一个人的价值观如何影响一个人对公众问题及参与式文化回应的理解(在民主过程中所有重要的能力)。真实性是本策略中需要考虑的。少年权利的问题根据国家和国际权利法进行测试和考虑,各种观点和问题都要进行探索和讨论。在此过程中,需要知识和理解的加深以及高层次思考,反映了4个方面中的第1类:智力素质。

②研究团队

学生建立小组(3~4人为一个单位),开始制订研究计划。学生在虚构的论坛活动中进行角色扮演时,在选择立场的准备中应定位并回顾相关事件及问题来源。同时应考虑到4个部分中的第3类:支持课堂环境,当学生需要鼓励和自我调节时,教师须确保学生在合作小组学习中获取合适的技能,并且获得有必要的社会支持。此外,学生也被要求探索非主流文化立场并思考在其立场的公众结果中排斥与包容的问题。

③角色扮演

这一环节是在一次真实的或虚构的真实语境中设立的。角色基于每个小组的研究以及对少年权利问题回应所采取的立场。论坛可直接设立,可涉及整个地区学校的学生,或者是在教室里作为"虚拟筹办的"全国范围内组织的论坛。

④总结与个人行为

研究和角色扮演均要听取报告,并采取个人行为(如,提交推荐信给合适的负责少年权利的政府部门)。

4. 角色扮演教学模式

角色扮演教学模式是一种在课堂中实施现场教学的方法,是加拿大社会课程教学中常用的教学模式。加拿大中小学的很多其他课程也常常采用这种教学模式,目的是让学生在一种拟真的环境中进行学习,从而获得更好的生活体验。

角色扮演法的首倡者是莫雷诺(Jacob Levy Moreno),最初由他在心理学领域进行应用。莫雷诺认为,角色的动态性在个体的成长、发展中能发挥重要作用,剧情式的扮演,可以使个体真正领悟生活,也有助于学习者掌握解决问题的正确途径。个人的情感、思想理念以及个性都可以在角色扮演的过程中得到发挥和展现,而且,角色扮演也有助于学习者对现实生活加以适应,不断增进问题解决能力和获得新的认知方式。20 世纪 50 年代以后,角色扮演因其在教学中起到的独特作用而被西方国家所重视,并逐渐在教育理论研究与教学实践中占据了重要位置。

在加拿大,角色扮演教学模式被广泛应用,特别是在小学社会课程教学中更是备受青睐。它以教材为载体,有针对性地创设拟真情境与题材,让儿童在对角色的行为模仿过程中进行切身体验,以充分体悟角色的个性、情感与行为,从而能促进儿童进一步感知教材并获得相关知识。角色扮演教学模式在加拿大小学社会课程的实施过程主要分为四个步骤:

(1)情境介绍

在这一阶段,教师的主要任务是在结合教材的基础上以多种方式和途径向学生介绍所设置的情境。这是角色扮演教学模式顺利展开的重要前提。一般情况下,其主要利用视频、电子图片、口头讲解方式来完成。这一阶段的主要目的在于使儿童对角色扮演的情境有完全的了解与一定程度的把握,提升其参与的热情和兴趣,并使儿童的学习欲望得到间接增强。在加拿大,这一阶段也被称为"预热期或预热时间"(warm-up period or warm-up time),是角色扮演教学模式的重要环节。

(2)挑选演员并进行演前指导

在这一阶段,教师一般在保证课时安排的基础上尽可能地为每位学生提供均等的扮演机会。教师对儿童进行一定的分组后,选择一组成员分配扮演任务,并详细讲解扮演过程中需要掌握的要领和应避免的问题。而且,为了使表演更真实化,教师还要指导、帮助儿童积极准备各类道具(服饰、布景等)和相关辅助用品,甚至包括音响、灯光等,以最大限度提高演出感染力。

(3)进行角色扮演

角色扮演教学模式的核心环节在于角色扮演的实施。在这一阶段,教师指导各小组成员在合作模式下依据预先设定的角色进行实际表演,并且,需要各"演员"能较为准确把握各角色特性与问题情境需要反映出来的教学内容。这一过程中,课堂成员重点关注的内容在于表演者是否很好地体现了教学内容与教学目的,而不在于表演者是否达到了一个"演员"的标准;并且,教师适时地对表演者予以恰当的鼓励,以保持表演者的兴趣和增强他们的自信心。

(4)讨论与总结

加拿大的中小学课堂中有来自各民族、各群体的学生,因而他们之间存在较大的文化背景差异。这种多元的课堂成员结构,导致儿童在不同的价值观下对情境的把握、问题的理解产生较大的差异。这种差异一方面对教学的实施形成了阻力,但同时也正是这种差异的存在,才使课后的谈论与总结显得更加重要。在这个环节,教师通常把儿童对教学内容的不同理解进行分析与归纳,并施以良好的引导。在引导过程中,教师对知识重难点作出细致的讲解,以促进儿童掌握公民知识、形成正确的判断力为最终目的,而对表演的真实性和舞台效果则不需要予以更多的关注。

角色扮演教学模式在小学社会课程中的应用,具有实践性和体验性的特点。它为教学构建了一个开放的环境,通过"思考—体验—反思"的过程,促使儿童能有效地掌握公民知识和习得解决问题的技能。因此,应该说角色扮演教学模式是社会课程教学中最为有效的教学模式之一。

案例:在新闻阅读与演讲中学会关心社会(加拿大英属哥伦比亚省)

小学四年级时,社会课程开始引导孩子们关心时事,阅读报刊。老师为此给孩子们布置课题,让他们每周自行选择一篇新闻阅读,然后就这篇新闻在课堂上进行演讲。具体的要求是这样的:

(1)找一篇国际、国内、本省或本地的新闻报道。

国际新闻是发生在加拿大之外的新闻;

国内新闻是在加拿大发生的新闻;

本省新闻是只在英属哥伦比亚省发生的新闻;

本地新闻包括在维多利亚和温哥华这一带发生的新闻。

注:每位同学都要选择某一个方面的新闻,大约每三周轮做一次新闻报告。

(2)把你所选择的新闻报道的复件拿到班里来展示。复件可以是报纸的简报,也可以是从互联网上打印出来的。

(3)把这条新闻做一个简述,并在班里做演讲。你应在阅读了新闻后用自己的语言把它叙述出来。

简述你所选择的新闻报道中的主要事件;

写出你的简述;

卷面书写整齐。

注:演讲后把书写内容交给老师。文字可以是手写的,也可以是打印的。但无论是手写的还是打印的,都必须在两行之间有一个空行。

(4)回答三个同学对你所演讲的新闻的提问或评论。

此项作业满分为 10 分。

于是,根据老师的要求,小约翰每天都留心报纸上的新闻。他对音乐最感兴趣,所以,和同学们分享的都是关于艺术方面的新闻。而笔者所赞赏的是,这一教育在加拿大从小学到大学是一以贯之的。我在大学教语言课时,大学生们也通过阅读新闻并围绕新闻作演讲而展开学习。这种联系原来从小学就开始了。孩子们关心社会的习惯、公共演讲的表达能力,就这样在从小到大无数次的练习中培养出来了。

(二) 加拿大小学社会课程教学模式的特点

社会课程是一门整合了历史、地理、政治、经济、法律等学科内容的综合课程,不同于语言或艺术等单一科学,也不同于科学这一理工类综合课程,其学科跨度和人文学科特有的多元性,必然要求其教学模式是综合性、主体性和参与性的。而且如前所述,加拿大社会课程是作为旨在提升公民能力而开展的人文科学综合课程,其目标是培养加拿大"好公民",即帮助学生提升能力,让他们成为多元文化、民主社会的合格公民,并能够在相互依存的世界中,为公众利益做出明智的、理性的决定。所以,社会课程强调人与社会的密切联系,强调人的主体性地位。因此,加拿大小学社会课程的教学强调社会与生活的情境,强调学生与教师的主体参与。

1. 注重教学主体的参与性

探究性学习自 20 世纪 80 年代以来,逐渐在世界各国的基础教育改革中成为关注的重点。①探究性学习、研究性学习被视为新课程改革的核心问题之一。如今,我们更加重视知识与素养的协调统一,也更加重视课程实践性和开放性。从 20 世纪 60 年代以来,认知心理学关于认知接受与学习心理过程的研究证明了这种"双边性"的重要性,认为教师与学生课堂交流的双边活动是课堂教学有效性的关键。由此,新教育理念随之产生,学生在课堂教学中的主体地位也因此得以确立。那么,我们也可以据此而认为,"教师的教首先要致力于导"。在教学过程中,适时的指导正是教师的使命。在教师的指导下,学生逐渐积累了知识和开阔了视野,循序渐进地提高了思维能力和解决问题的能力。因此,教师不仅是课堂教学的组织者,也是课堂教学中学生学习活动的引导者;不仅是课堂教学中学生学习活动的参与者,也是学生创新精神和实践能力的开发者。在社会发展、教育进步的今天,我们确立教学活动的"双边性",肯定教师的主导作用,其目的在于促进教师在开放式的教学活动中,引导儿童思维的方向,使其在积极主动的状态下进行学习,从而发现新知识、新思路和新方法,从根本上促进儿童的全面发展。

加拿大的小学社会课程教育,深刻认识到"人是教育主体",人决定着和推动着社会的发展,教育的根本问题是要"培育一种能动的、非顺从、非保守的精神状态的人"。只有具备这样素质的公民,才会推动社会发展,保持社会的多元价值与和谐稳定。在多元文化意蕴浓厚的加拿大,社会课程教育是一个人文领域,教育的对象是文化背景差异显著的学生,这一特点要求社会课程教育必须确立儿童的主体地位,要尊重儿童的自由、权利和尊严,尊重儿童的文化背景、价值选择和宗教信仰,以民主的方式开展教育实践。换而言之,社会课程教育要在"教师——学生"双主体下开展。教师不仅需要"教",更要致力于"导"。而且,在这样的过程中,儿童作为公民,具有独立自主的价值选择权利。这意味着加拿大的社会课程教育必须尊重学生的多元文化背景和自由权利,采用引导学生自我构建、自主选择的策略。加拿大社会课程所采用的教学方法均非强制灌输的方式,而是尊重学生自由选择。具体来说,这些教学方法在目的上,体现学生的主体性,尊重学生的价值选择,维护学生的自由和权利,提高了学生的创造力和想象力。在性质上,加拿大社会课程教育是开放的、民

① 新课程实施中培训问题研究课题组. 新课程的理念与创新[M]. 北京:北京师范大学出版社,2001:69.

主的、自由的、多元的,这也正是加拿大社会课程教育的内涵所在。

2. 注重教学的体验性

瓦西留克曾言:"只能是自己才能体验所发生的事情以及产生危机的那些生活环境和变化,谁也不可能代替他这样做,就像最有经验的教师也不可能代替自己的学生去理解所讲的内容一样。"[①]由此可见,"体验"在教学中处于非常重要的位置。对于综合性与实践性极强社会课程而言,其本身就充满了浓郁的生活气息,在教学过程中增加课程的体验性,对儿童感受社会、探究社会无疑是极其重要的。在包含了诸多德育内容的社会课程中强调"体验",事实上也符合个人品德形成和发展的基本规律。人的品德的形成是一个由外塑到内化,他律到自律,自觉到自为的过程。"体验"的价值不在于对知识和技能的获取,而在于使学习者在这一过程中获得最为真切的感受,最终使学习者提高认知和具备调整自身行为的能力。正如克鲁捷茨基(Вадим Андреевич Крутецкий)所指出的:"一个人的能力只有通过活动才能形成和发展。"当儿童真正成为学习的主人,在课堂教学和社会实践中去切身体验和感悟,才能形成自身的知识结构和解决问题的能力,从而使教学中所蕴含的道德内容得以内化到其精神世界中。

在加拿大的社会课程教学中,注重儿童的"体验性"更是几乎为所有的教学者所认同并予以实践。在对儿童的培养中,加拿大认为掌握公民知识和必要的社会技能固然重要,但更重要的是要培养儿童将这些知识和技能转化为良好公民行为的能力。一个合格的公民不仅能够履行义务和行使合法权利,还需要与来自不同族群的他人和睦相处。而要达到这一目标,就必须在社会课程的教学中有意识的为儿童创设践行公民资格的体验环境。因此,加强社会课程教学中的体验性成为加拿大教育界的共识。如今,"学校"不再是加拿大社会课程教学的唯一中心,社会课程的教学逐渐向家庭、社区以及整个社会辐射。这种辐射不仅仅意味着对课程内容的延伸,更为重要的是它对课程实施途径进行了与现代教育相适应的革新。加拿大教育工作者普遍认为,儿童的多元价值观念、责任意识等都可以在体验学习中得到增强。作为加拿大未来的合格公民,其能与不同民族、不同群体的人展开良好的交流、合作与互助,

---

① 瓦西留克. 体验心理学[M]. 黄明,等译. 北京:中国人民大学出版社,1989:9.

而在教学中加强体验是解决这些问题的重要影响因素。因此,要想培养和发展儿童作为一个未来合格公民应具备的美德,体验学习比公民教育课程本身发挥着更重要的作用。

3. 注重核心素养的培养

在不断发展、不断多元变化的当今社会,价值观多元化、个体自我意识增强以及对个人自由选择的尊重等已为人们所认同。但与此同时,我们也应该清醒地认识到,这样一个多元变化的社会将不断增加公民角色的复杂程度。面对新的价值观与新的生活方式,如何引导儿童确立正确的价值取向,如何面对将来做出合理的抉择,建立作为合格公民的道德品质,如何积极关注和参与社会生活等问题,都将是社会课程教育要面对的课题。

从加拿大小学社会课程所采用的教学模式来看,加拿大社会课程教育不仅注重培养儿童的反思性思维,而且注重培养学生具有多角度思考问题的思维方式,并能够面对问题时做出相应的决策,形成一定的解决问题的能力,同时,它也主张社会课程要在学生解决个人和社会问题并做出决策等方面提供有力的帮助和方法指导。"所有的学生必须发展一种与其他具有差异特征的个体的相互关系意识,以及定义他们自身在这种关系中的角色。考虑他者因素在认同发展中十分必要。这个过程能够使学生观察到在共同价值下认同的多样性。"[1]因此,加拿大社会课程教学拒绝传统的、讲授的教学方法,而是强调:"教学的目的不是使学生记忆简单的、由历史学家构建的理论知识,也不是使他们获得百科全书式的事实,而是发展他们运用历史的视角理解现在的社会现象的能力。"[2]所以,加拿大的问题解决学习更多的是从儿童的成长与现实生活之间的联系出发,更为注重的是:培养儿童的创造性思维,强调追求对复杂问题的新颖的解决方式;培养儿童的批判性思维,旨在让学生形成和发表有理有据的观点或很有见地的观点;培养儿童的问题解决思维,给某个已定的问题或情境寻求正确的、恰当的或最合适的答案;培养儿童的决策思维,即在考

① Ministère de l'Éducation, du Loisir et du Sport.Ouébec Education Program, Secondary School Education. CycleTwo [Z]. Québec:Gouverment du Québec,2007:22.
② Ministère de l'Éducation, du Loisir et du Sport.Ouébec Education Program, Secondary School Education. CycleTwo [Z]. Québec:Gouverment du Québec,2007:295.

虑可供选择观点,权衡证据以及考虑个人价值观等基础上,对这些问题作出回答。不仅如此,加拿大的小学社会课程教学也赋予儿童主体性,尊重其价值选择,维护其自由和权利,这充分体现了对不同文化群体价值选择的尊重和理解。

由此可以看出,加拿大的社会课程教育主张民主社会的公民应该是一个很好的思考者。而其所采取的教学模式,正是要让儿童可以明白价值观是如何影响自己的决定的,并在自我理解的同时,也能对他人的决定作出客观的评价。

事实上,我们应该同意这样的观点,即社会课程关注的焦点是"人",而非其他。因此,在由人组成和构建的社会生活中,我们会遇到各种各样的选择,而选择必然包含着价值观和态度。在人们共同生存的全球化、信息化社会,在坚持具有普遍性的道德价值取向的同时,儿童学会主体抉择也是一个重要的生存能力。所以,决策性思维的探究学习有助于儿童对多样的、可选择的问题解决方案进行思考,有助于学生主体抉择能力的形成。

加拿大小学社会课程教育侧重于儿童的"创造性的活动"及"能力的培养",提倡快乐教学。目前,基于培养合格公民的探究性学习、问题解决学习在加拿大为人们所关注,他们越来越重视问题解决能力的培养。就问题解决型教学模式本身而言,虽然其本身存在多种类型和方式,且各自基于不同的理念,但它们又有一个共同点,便是都从不同侧面不断地发展和完善问题解决教学模式的理论与实践。

4. 注重教学的开放性

"在人的心灵深处,有一种根深蒂固的需要,这就是希望自己是一个发现者、研究者和探索者。而在儿童的精神世界中,这种需要特别强烈。"[①]新的社会课教学理念从人文教育观出发,以促进学生全面发展为出发点,构建开放式教学模式,更密切地联系个人成长环境,联系人类生活、人类情感和人类文化。

社会课程与传统学科的最大不同就在于它的开放性,强调学生的主动参与,重视教学内容与社会现实的联系。如今,教育的发展更是赋予社会课程新的使命,掌握知识的多少并非社会课程对儿童培养的唯一目的,社会课程的教

---

① 苏霍姆林斯基. 给教师的建议[M]. 杜殿坤,译. 北京:教育科学出版社,1984:59.

学目的更重要的是提升儿童认识问题、解决问题的能力。因此,伴随着注重于知识型教育的传统教学方式向注重于能力型的教育转变,如何加强教学的开放性逐渐成为加拿大小学社会课程的关注点。加拿大小学社会课程教学希望使教学变"静"为"动",使传统的静态"封闭式"教学模式、教学方法在动态中不断改进与完善,最终促进儿童的全面发展。

目前,"基于学生生活经验和社会环境的学习"是加拿大小学社会课程的重要主张,认为社会性经验是学生通过主动学习而获得,这种学习是在与社会环境相互作用的过程中去进行的。儿童主动活动的过程就是获得经验的过程。所以,小学社会课程教学旨在强调儿童自主体验和自我探究为基础。具体而言,加拿大小学社会课程的教学开放性体现在三个方面。

第一,教学内容的开放。科学知识源于生活,并不断走向发展,因而以此为基础的小学社会课程教学内容本身就具有了开放的属性。两国的小学社会课程教学都并不追求课程内容与课程要求的严格统一,亦不刻意追求内容体系的严密与稳定,而是摒弃了静态、封闭的教学形式,以动态的、开放的内容培育儿童的创新素质与探究、解决问题的能力。源自于生活实际的开放性教学内容,对于教学趣味的提升发挥了积极的作用,它将推动教学过程顺利地实施和更有效地达到教学目标。

第二,教学过程的开放。加拿大的小学社会课程教学打破了以问题为起点、以结论为终点的封闭式教学过程,认为教学最重要的任务不是教会学生如何解答问题和掌握结论,而是锻炼学生的创新思维和培养其主动寻求、发现新问题的能力。在这种理念下,"过程"的应有地位不仅得到恢复,而且"过程"与"结论"的关系也得到进一步重视。加拿大倡导以讨论、探究、实验、质疑、争论、自主学习等构成教学的基本形式,并在开放的格局中训练与强化儿童的探究能力。而且,教学内容的丰富性也决定了加拿大社会课程过程中教学手段的多样性,教学内容的开放性更使得课内外教学活动形成了统一、开放的过程。

第三,教育空间的开放。在加拿大传统的社会课程教学中,存在将教育空间禁锢于学校和教室的倾向,而在现代教学中,这种禁锢被打破。如今,加拿大社会课程的教学更加关注真实的大自然、社会生活、网络世界等,将课堂不断向外界延展。这种延展意味着课堂与课外世界的相联,也意味着书本知识与实际生活的相融。由此,课堂教学内容得到极大的丰富。教育空间的开放,既培养了儿童开阔的视野,也培养了纵横综合的思维能力,更是双方现代教育随着社会发展而显现的必然走向。

六、加拿大小学社会课程的教师培养

如今,教师的专业化发展已成为世界范围内教师教育总的发展趋势,世界各国均把提高教师专业化水平、加强教师队伍建设作为提高基础教育质量的基础。关于何为教师专业,佩里(P. Perry)曾指出:"就其中性意义上来说,教师专业发展意味着教师个人在专业生活中的成长,包括信心的增强、技能的提高、对所教学科知识的不断更新拓展和深化,以及对自己在课堂上为何这样做的原因意识的强化。"①那么对于社会课程而言,由于其自身的特殊性,教师专业化的职业道德水准、专业化的知识结构与教学技能更是成为社会课程教学质量的重要保障。作为一贯重视教师教育的加拿大,如何促进教师的专业化发展成为近年加拿大教育领域都较为关注的课题。

(一) 加拿大小学社会课程的教师培养

一直以来,加拿大较为重视教师教育的改革,目的在于培养高效能教师,推动教师专业化发展。由于加拿大没有设置联邦教育部,因而教育是各省和自治区的责任。但是,我们从加拿大各省的社会课程教师培养现状综合来看,加拿大经过多年的教育改革,已形成了较为科学、完善的社会课程教师教育体系。其基于多元文化的培养理念、专业化发展的培养目标以及综合性的课程体系,为小学社会课程教师持续的专业化发展奠定了坚实的基础。

1. 培养理念

(1)多元文化理念

多民族与多元文化是加拿大非常明显的特征。来自世界各地的居民构成了加拿大的人口结构。因此,在同一个国家就包含了不同的肤色、民族、语言、信仰以及生活方式。这种像"马赛克"一样的多元文化特性也带来了教育的多元性。加拿大在多种文化、多种民族共存的社会背景下,允许、鼓励和保障这

---

① Perry, P. Professional Development the Inspectorate in England and Wales [A]//Hoyle, E., & Megarry, J. (Eds). World Yearbook of Education 1980: Professional Development of Teachers [C]. London: Kogan Page, 1980: 143.

些不同的民族、文化共同平等发展,以保护各民族文化的自身特性和丰富整个国家文化。来自不同种族、社会阶层及不同文化团体的学生在多元化教育的理念下获得了平等的教育机会,获取了应有的知识、态度和生活技能,从而满足了在多元文化社会进行交往的需要。这为加拿大培养具有共同利益的公民和造就具有较高文明程度的道德社会发挥了至关重要的作用。受此影响,多元文化理念在加拿大小学社会课程的教师培养中也得以树立。教师成为加拿大实施多元文化教育的重要条件。

在多元文化的社会背景下,加拿大对教师的培养也充分体现了多元文化的理念。加拿大要求教师了解不同民族、不同种族的文化传统与历史知识,且能够将不同群体的历史文化知识有机、灵活地在社会课程的教学设计中进行整合。教师只有在具备了多样性知识的基础上,才能肯定文化的多样性以及更加敏锐地理解各族群的文化的差异,也才能够综合不同族群的文化观点来进行适当的教学行动、实施多元文化教育。

此外,教师对各族群不同的文化本质予以了充分掌握后,也使得以往在教授族群文化过程中形成的刻板印象逐渐得以避免。教师在学习人文学科与自然学科等领域的过程中感受、认识、理解各族群文化的差异。由此,"多元文化的内置"在这样的认知结构中逐渐形成,即,教师开始习惯用"文化的多样性"去理解、分析和解释不同文化的生活经验。这种"多元文化的内置",对教师理解、欣赏他们所面对的文化差异的合理性,并智慧地进行多元文化教学发挥了积极作用。

(2)标准化理念

目前,在加拿大一些教育改革先驱省份,如安大略省、英属哥伦比亚省等,教师作为一个专业群体,像律师、医生一样实行行业自治,设有教师管理学院负责管理和处理有关教师的一切事务。教师管理学院的主要职责包括:组织专家审批准教师教育计划;制定教师聘用标准;制定教师专业标准;认定和颁发教师资格证书等。作为非政府性质的专门机构,教师管理学院对教师教育有重大影响。这种影响最大表现之一就是教师培养过程中所实行的课程制度化管理。教师培养计划和课程方案需认证才能实施。以安大略省为例,教师教育认证16项指标中关于课程的指标就有9项,具体从课程内容、课程结构、课程评价和课程实习等各方面予以规范。①尽管省与省之间的认证指标并不完全一致，在教师行政管理上也存在结构性差异，但是，各省在教师培训和要求方面已经实现标准化了（魁北克省例外，因其对法语流利程度有特别要求），均要求教师教育课程要反映出专业标准或课程标准。换言之，尽管教育学院对中小学教师培养模式和课程设置有自主权，但其权力得到实现的前提是要按照省教育部的方针政策和教育改革的要求，遵循教师专业标准或教师教育课程原则，以与教师教育第一协定不抵触为准则，同时需得到教师管理学院的认证方可实施。此外，教育大纲以及教师许可流程都由各省制定和监督。省级监管机构（教育部或教师学院）向本省符合资格的教师颁发教师许可证，外省教师可以使用自己的省份颁发的证书，魁北克省例外（魁北克省对法语流利程度有特殊要求，法语也是资格测试的一部分）。魁北克省向符合条件的申请人颁发魁北克省教师许可证，该证有效期为五年，期满则须续期。安大略省等部分省份还有一些与宗教派别有联系的学校。在安大略省的天主教体系中，教师资格申请人必须参加关于天主教教育的资格课程，该课程通常在教堂领袖的批准下提供。

2. 培养目标

（1）培养知识素养一体化的专业化教师

20 世纪 70 年代末以前，加拿大大部分教师培训都是由教育部直接下设的教师学院和师范学校完成。②但在此之后，教师培养任务逐渐由大学开始承担，课程设置由主办大学自己控制。但对教师的素质要求大体是一致的。特别是在 2006 年，全国所有大学教育系教务长通过了一项协定，其中规定了教师培养的总体方向。③该协定名为《新教师培养协定》，提出了教师培训及培养的十二条原则（Rideout & Koot，2009）④。总体而言，这些原则不仅仅将教

---

① Accreditation Handbook for Programs of Professional Education［EB/OL］． http://www.oct.ca/pubfications/pdf/accreditation_e.pdf.3-4，2014-12-11.

② Stamp，R.M.Becoming a Teacher in 20th Century Calgary：A history of the Calgary Normal School and the Faculty of Education［M］． University of Calgary：Detselig Enterprises，2004：120-135.

③ Collins，A.F.，& Tierney，R.J.Teacher Education Accord：Values and Ideals of the Teaching Profession in Canada［J］． Education Canada，2006，46（4）：73-75.

④ Rideout，G.，& Koot，R.Reflective，Humanistic，Effective Teacher Education：Do Principles Supported in the Deans' Accord Make a Difference in Program Outcomes?［J］． Canadian Journal of Education（Special Issue on Teacher Education in Canada），2009，32（4）：927-956.

师定位为大纲及知识的传授者,还认为教师在儿童成长、社区发展以及公民价值方面起着关键的引导作用。这十二条原则如下①:

※向个人及社区证明学习的变革力量。

※培养具有观察能力、明辨是非的能力、批判能力、评估能力和行动能力的专业教师。

※教师应当承担社会及政治引导责任。

※教师应对学生及师生社团做出积极回应。

※师范教育应通过大学和学校合作的方式,将理论和实践结合起来。

※与当地和国际社区共同促进多元性、包容性、对话和理解。

※关注认同及差异政治,制定包容性的教学大纲。

※支持积极的研究倾向,确立广博的知识及视角。

※教师应当从智力、情感和社会三个方面理解儿童及青年的发展。

※拥有完善的关于科目、素养、认知学和教学方法的知识。

※教师应当有机会对自己的教学实践进行审查。

※支持成熟的创新,以提高教育工作者的培养。

基于以上的原则,加拿大在社会课程教师的培养中提出了以下几方面的要求:

第一,教师应具备全面的社会课程知识。

在加拿大,社会课程不仅是初等教育的核心课程,也是师范教育课程的核心课程。加拿大省级政府要求所有的教师(包括在国外接受教育的教师)均必须修满"加拿大研究"和"历史"的学分,这两门课是加拿大社会课程的主要组成部分。

此外,加拿大在社会课程教师的培养中还注重对教师进行哲学、政治和经济学、心理学、人类学、社会学等方面知识的教授。这些综合化的知识基础,不仅帮助教师正确理解影响社会课程教学的社会背景、文化背景等因素,还能帮助教师准确把握语言差异、文化差异在学习、认知、行为等方面对儿童造成的影响,从而使固有的偏见与歧视得到摒弃,使学生发展成为思维缜密的、负责任的、积极的公民,能够取得多角度思维并做出合理判断所需的知识。

---

① Association of Canadian Deans of Education.Accord on Initial Teacher Education [Z]. Toronto:ACDE, 2006:4-5.

第二，教师应懂得教育研究和数据分析。加拿大要求教师必须进行自我评估和反思。师范教育课程当中有很多个教育研究和数据收集分析模块，旨在培训教师如何评估自己的教学实践的有效性。教师还应从已有的有效教学实践研究数据当中学习经验。在魁北克等部分省份，这一要求已经通过定期举行的职业评估测试具体实施，尤其是针对那些外省培养的教师。该要求的目的在于让准教师将自己定位为积极的、爱问的专业人员，不断地根据数据改善自己的规划、授课和评估。学生和教师之间持续的反思求知流程包括提问、观察、查询资料来源、反思、解释以及通过指导或评估进行干预。同时，教师的培养强调学生成绩、教师实践及知识的评估。在评估学生成绩的过程中，教师应当根据教育研究与科学数据分析来设计评估和测试。教师必须采用与具体的课程对应的具体评估项目。作为反复进行的调查过程的一部分，评估不仅仅涉及成绩，还涉及复习和导向式学习。

教师还应通过课程的结果进行自我评估并吸取经验教训。可以采用的工具有多种，既有理论元素，也有实践元素。从理论上说，教师应当主动了解最新的教育研究和大纲政策。这种理论知识将与特定课程的大规模及小规模评估数据相结合，从而决定具体的理论建议是否适当。此外，还有很多实践评估和学校流程。教师尤其应当从实践当中学习，向同事学习。师范教育是一个持续的过程，对于新入职的教师尤其如此。学校会组织教学展示，有经验的教师可以向新教师展示自己的方法和做法。教师还应与学生一起评估成绩，包括学生课堂及课后的直接反馈，以及根据目前进度及学生进步对授课进行机动调整。

对于社会课程，教师应当利用批判性课堂讨论作为一种教学工具，让学生积极参与课程内容的学习，形成公开辩论的民主价值观，并理解和接触不同的观点。此项活动的评估重点主要是如何让全体学生参与，主持辩论并引导学生对自己的立场进行苏格拉底式审视。社会研究课程的作业也应尽到能够展示学生分配练习、协作学习和解决问题的能力。

（2）培养了解学生的优秀教师

加拿大对社会课程教师的培养，除了要求教师具有一体化的知识结构，同时也要求教师具有较强的学生管理能力，能与来自不同族群的儿童进行有效的沟通与交流,引导儿童以正确的方式获得自身发展。

首先,教师应了解、学习学生发展理论。其一,师范教育课程的重点包括在儿童发展心理学及相关知识框架内应用和理解教学理论,准教师应对基于研究的循证式教育实践有深刻的理解(OCT,2014)①。其二,教师应理解教学实践的理论和实证基础,包括认知科学、发展心理学、语言开发、社会文化理论和社会学。一名专业的教师应当能够运用关于如何连接学习和教授方式的知识,从而能够根据学校的具体需要调整自己的教学方式。教师必须理解每个学生独特的学习方式,并根据这些知识和教学方法对所有学生进行个性化的精准教学。其三,教师应具备学习理论与基于研究的概念的实用知识,及其在为具体的学生、群体及班级制订教学和评估方法当中的相关应用。尤其应当注意学生的差异化,因为学生对特定的学习模式和策略会表现出不同的能力及偏好。教师要学习差异化教学案例,包括关于第一民族、梅蒂斯人及因纽特人学生的案例。总结过去对有特殊需要的学生进行差异化教学的经验,满足这部分学生的需要。其四,教师还应帮助学生进行形成自律,为初等教育、中等教育和专上教育之间的过渡做好准备。教师职位申请人还应理解典型儿童和青年的成长轨迹。这包括理解非典型学生的成长轨迹并帮助那些有问题的学生。教师职位申请人应熟悉大量关于学生如何学习的资料,包括发展心理学、健康与神经科学以及认知心理学。不仅如此,教师还应对可能影响学习(尤其是移民和少数民族学生)的社会文化背景具有深刻及深入的了解。

其次,教师应学会观察学生与管理学生。参加加拿大师范教育课程的教师应该采用以学生为中心的方式进行教学。这要求教师以学生为信息来源进行课程编排、教授及评估。学生观察就是一个观察学生行为、兴趣、发展模式及情感状态从而促进学生发展的持续过程。观察包括学生发展和学习的所有方面:认知、沟通、生理、社会和情感。教师应能够利用以上多方面的信息,对学生的发展进行追踪并调整教学方式。

参加加拿大师范课程的教师还应负责为学生创造并维持一个有吸引力的、包容的、安全平等的学习环境。对于社会课程而言,这一点尤为重要。这有赖于从不同学生的视角,传达来自不同历史和文化背景的人的特定经历。

---

① Ontario College of Teachers.Accreditation Resource Guide [Z]. Toronto,2014:9.

这要求学生直接参与和讨论。课堂讨论和公开的批判性提问是对公民教育当中的公众调查部分的演练。培养教师如何让学生透过自己的背景、经历和知识,以一种文化相关及共鸣的方式在教学大纲中看到自己的能力,包括那些反映第一民族、梅蒂斯人和因纽特人传统文化的内容。同时,准教师还要接受课堂管理方面的理论和实践培训。理论方面,准教师要学习进步主义教育理论学家(如 John Dewey)以及构建主义者(如 Piaget)的理论。发展理论和心理学知识也有助于教师以建设性的及个人的方式处理问题学生的行为。实践方面,教师要在有经验的高级教师的指引和指导下在当地学校完成授课任务。

教师还应理解初等及中等教育环境当中的儿童、青年及家长的心理健康问题。师范教育课程强调心理健康与成就之间的关系,并观察学生在生理、认知、心理、社会及情感方面的健康状况。在评估学生在课堂内外的表现的过程中,教师应当注重提高学生管理压力的能力,建立健康的关系和自我反思,这对于面临压力的学生来说尤为重要。在这种情况下,教师应当能够评估压力的性质及原因,并在协调学生、家长及专家的过程中发挥重要作用。教师尤其应当观察何时出现了成见,并采取措施尽量消除成见,从而促进其心理健康,并帮助其掌握社会情感学习技能。

3. 课程设置

在加拿大,对教师申请人取得教育学学士学位之前的具体主修课程或专业并无要求。一般而言,从加拿大或美国的认证大学取得学士学位即有资格参加师范教育课程,取得教育学学士并获得认证后就可以申请去中小学任教。那么加拿大如何保证非人文社会科学类专业的大学生具有成为小学社会课程教师的专业知识呢?这得益于其追求全面的大学课程设置,即开设全面的通识教育课程。在加拿大的课程体系中,通识教育得到了极大的重视。目前,完整、明确的通识教育目标已经在加拿大得以建立。在通识教育目标下,加拿大努力把学生培养成为一个有教养、于社会有价值的"人"和合格的"公民",该目标与社会课程目标本质是一致的。所以,"广博"是通识教育课程设置的重要特征。在价值体系上,加拿大通识教育课程注重克服偏狭的价值观,力求理解、包容异质文明和文化,引导学生对道德问题能作出正确的判断和选择。在学科体系上,加拿大通识教育课程覆盖了人文社会科学、自然科学等领域,包括其中一些重要的研究方法。总的来看,加拿大通识教育课程在注重基础性、全面性的基础上,强调了知识的整合性与融合性。换而言之,未来的教师队伍不仅应对某一领域的知识内容较为精通,还要对其相应的研究方法予以掌握,而且应兼具广博的基础知识和精深的专业知识。

在加拿大通识教育课程中,"基础技能课程""分类必修课程""自由选修课程"是其主要的三大类课程。其中,"分类必修课程"是加拿大通识教育最主要的途径。分类必修课程以"宽广"作为指导思想,将各个学科领域的知识内容尽可能对学生予以全面的展示,不仅拓宽了学生的知识面,而且也培养了学生对不同学科领域的知识加以整合的能力。如,在约克大学的培养计划中,其通识教育课程共计 24 学分,占总学分 120 的 20%,涵盖了人文、社会、自然三大领域。其中,"人文"和"社会"相关课程的学分各为 9 分,"自然"相关课程的学分为 6 分,学生进行通识课程的学习可以自行安排在学习阶段的任何一年,学校对学生的学习时间并不作明确的要求。多伦多大学四类本科学位(文学学士、理学学士、商务学士、工商管理学士),都要求在修满专业课程基础上,还要修满通识教育课程的学分。例如,荣誉理学士学位要求修满至少一门人文类课程(如艺术)的学分,一般就是关于社会科学或人文科学的通论课程(如哲学或历史)。学生在学习理学学士课程的同时,必须修完六个学分的文学类主修课程。同样,学生在学习文学学士课程的同时,必须修完六个学分的理学类主修课程。2006 年,渥太华大学也实施了新的本科教学体系,该体系涵盖了多个学科,其中包括文科、理科、社会学科、休闲研究和计算机科学等。这一新教学体系的实施,目的在于对学生进行多方面训练,帮助学生拓宽文化视野,为学生未来的职业选择和继续学习提供更多的选择可能性。

"基础技能课程"与"分类必修课程"则有较大的区别。"基础技能课程"将着重对学生进行思维训练,以及帮助学生掌握不同学科的基本研究方法,而对"知识量""基础技能课程"并不十分关注。在"基础技能课程"中,"英语""哲学""人文"是其主要涵盖的内容,这三部分的学分占据了总学分的十分之一左右。如,渥太华大学的四门基础技能课分别是推理和批判性思考、道德思考、基本哲学问题、伟大的哲学家介绍等。

"自由选修课程"是全校范围的学生可以自由选择的课程,由学校提供一系列的课程,任学生自由选择,但是每个院系都会给予学生一定的指导和建议。在该课程的管理方面,学校予以了灵活处理,仅仅是对总学分量作出了规定,而具体的学习计划,则由学生根据自己的时间和兴趣进行安排和确定。

同时,加拿大通识教育课程在门类齐全的设置基础上还强调学生对课程的完成质量。为了完成学习任务,学生首先必须整理、阅读相当数量的相关资料,并且需要通过读书报告的撰写、课堂讨论以及论文写作等形式的考核。如,在渥太华大学,做研讨会(Seminar)是四年级学生获得学分(6 个学分)的关键途径。通过这样的方式,在对学生传授课程知识点的基础上,也引导学生形成正确的研究思路和掌握正确的研究方法,使学生得到更多的综合训练,最终获得可独立学习与开展研究的能力。

另外,加拿大通识教育课程注重其实践性。如,渥太华大学在二语教学专业的教学中规定了大量的实践任务。其中,包括代课教师、运动队带队老师、夏令营带队老师、学校志愿者、官方语言的检查者、体育、音乐或艺术的指导者、教堂周日指导老师、社区服务等。学生必须在累积 40 天的时间内完成三种不同的实践工作。[①]通过这些门类齐全的课程设置,极大地推动了加拿大社会课程教师的专业化发展。

(二) 加拿大小学社会课程教师培养的特色

从前文可以看到,在教师专业化发展的大趋势下,加拿大小学社会课程教师的培养形成了其自身的特色与优势。如,注重社会课程教师的专业化发展,形成了较为完备的教师教育课程体系等。

1. 注重教师专业化发展

自教师成为一个专业以来,如何促进教师专业化发展,提升教师培养质量是世界范围内教师教育高度关注的内容。特别是在将教育作为优先发展的当今世界,通过提高教师专业化程度来推动教育改革更是成为各国的普遍认识。

---

① Student Guide for BA in Second Language Teaching [M]. Ottawa:University of Ottawa,2005:12.

加拿大长期以来非常重视教师的专业化发展。特别是 20 世纪 90 年代之后,更为深刻的教师教育政策改革得到了推行。培养高素质教师,持续推进教师专业化进程,是加拿大教师教育改革的重要内容。由此可以看出,如何促进教师的专业化发展对于加拿大社会课程教师的培养而言,同样是关键环节。目前,教师的专业化发展已经成为加拿大一项制度性的工作。

在安大略省,教师专业学习框架于 1997 年开始制定,并在之后不断被完善。新的教师专业学习框架在 2006 年制定完成,其主要包括如下原则:①教师专业学习与学生学习之间有直接的关系,持续改进教学实践是教师的专业学习目标;②标准本位的专业学习为教师教育一体化提供途径;③教师专业学习机会基于有效学习的原则;④对自己的专业学习进行规划并作出反思是教师的责任;⑤教师的专业学习在学习共同体中得到促进。

安大略省不仅制定教师专业学习框架,也着手教师专业相关标准的研究、制定工作。安大略省教师专业有关标准的制定始于 1999 年,并于 2000年发布了教学专业的实践标准。2004 年,省政府发布了《卓越教师——通过持续的专业发展开启学生潜能》的报告,该报告希望为教师建立长效的支持机制,推进教师教学改革,重点关注了教师职前培养阶段、教师评价和教师的持续发展,以进一步扩展教师专业主义。2010 年,教师专业实践标准获得修订与完善,教师专业主义的愿景和日常专业实践的思想在修订后的标准中得到了明确体现,而且详细描述了专业人员的教师应具备的价值观、知识和技能。

在阿尔伯塔省,一直以来也致力于针对教师专业化发展进行教育改革。2003 年,《学习让每个孩子都成功》的报告与建议由该省学习委员会正式提出。"促进每一个孩子学习成功与建立优质教育制度的目标"是该报告所围绕的核心问题。该报告围绕这一问题对"学校可能面对什么样的挑战以及我们将如何确保他们做好了准备"等重要内容予以了解答,并就此提出了多项改革意见。其中,关于"教师专业化发展"的改革建议包含了多个方面的内容(表 6-1)。①

① Alberta's Commission on Learning.Every child Learns Every Child Succeeds:Report and Recommendations [EB/OL]. Http://education.alberta.ca/,2013-06-18.

表6-1 加拿大阿尔伯塔省未来优质教师培养目标与建议

目标:	
1.培养阿尔伯塔省教师准备好迎接教学挑战与满足学生多样化的需求。	
2.开展持续的专业化发展活动,确保阿尔伯塔省教师与最新研究及革新保持同步,并将其转化成不断增进他们学生成果的具体策略。	
改革建议:	
改善初任教师培养计划和经历	评议与改进当下职前教师培养计划,确保为阿尔伯塔省初任教师提供优质培养项目
	建立永久性机制确保教育学院、管理者、教师与阿尔伯塔省学习部的紧密联系
	要求授权学校改编第一年教师教学经验,为初任教师提供有效的指导
扩大教师的专业发展	每一所学校要开发与实行学校管辖的综合性的专业发展计划
	要求所有教师都必须有与学校发展计划一致的明确目标的专业发展计划
确保为每一位学生配备有能力的教师	确保关于管理与评价教师的政策制度被充分理解与有效实施
	用仲裁委员会代替目前的咨询委员会行事过程,形成与本省享有集体商议权的雇员相一致的可用模式

阿尔伯塔省教育部门为了进一步提升本省教师教育质量,推进教师持续专业发展,与省教育伙伴关系工作组于2010年进行合作,研究形成了支持该省教育改革的文件——《实施支持指南:必要条件》,明确指出"推进所有学生成功的共享愿景的实现需要建立一种具有整合性、合作性与协调性的教育协作伙伴关系,并需要持续推动教师的专业发展"①。

2. 较为完备一体的课程体系

如今,教师专业化发展已是世界范围内的教师教育改革发展的方向。为了培养专业化的高素质教师队伍,并使教学也得到同步的专业化,加拿大在教师培养方面均作出了重大改革,对教师教育课程体系进行重建与完善

---

① Alberta Education.Guide to Support Implementation of Education Policies, Curricula, Priorities, Programs and Initiatives[EB/OL]. http://education.alberta.ca/, 2013-06-18.

是一个重要的共性。特别是社会课程教师需要具备立体、多维、复合的教师素质,只有按照综合培养、有所侧重的模式进行课程设置,且课程设置应包含通识类、学科类、教育类、实践类等类型,才能培养完成社会课程目标的教师。从加拿大社会课程教师的培养而言,其课程设置强调素养的综合性和一体化。

首先,其教师教育课程以专业化、终身化、综合化为基本取向,紧跟社会变革,形成了较为完备的课程体系。在加拿大,通识课程、学科专业课程和教育专业课程三大模块共同构成了社会课程教师培养课程。通识课程基于博雅教育,内容包括人文社会学科、自然科学领域中最基础的知识,要求未来教师掌握广博的知识,这也是从事教育的必要条件。学科专业课程随着 20 世纪 90 年代基础教育改革的深入受到进一步重视,对学科知识的掌握直接影响教学的方法和效果。教育专业课程是解决教师"怎么教"的课程,具体可划分为基础理论课程、学科教育课程、教育技能课程、教育研究课程、教育实践课程五个类别。同时,为应对全球化和多元化、信息化社会的挑战,新的思潮转化为新的教育专业课程,如教育信息技术、多元文化教育、全纳教育等课程风靡各教育学院。加拿大教师教育课程计划基本上按照教谁(学习者),教什么内容(学科知识和课程),怎样教(教学原则和实践),教学发生在什么地方(教学情境)及为什么教(教育原理)的框架而设置,旨在培养理论、实践和研究三者融会贯通的教师。①

其次,为了培养具有"广博"知识,能够融合多学科、多领域联系的社会课程教师,"浅、广、新"是加拿大教师教育课程设置的总体特点。在加拿大的课程体系中,学科类课程的比重并不高,"重通才轻专才""重师范轻学术"是其中的重要体现。如,约克大学的学生可以在本科教育中的任何一年中选择通识课程的学习。通识教育课程可从社会、人文和自然领域中任选一门,其学分占总学分(120 分)的 20%。其中,社会学和人文各为 9 个学分,自然学为 6 个分,共计 24 学分。核心课程的目的在于强调思维的训练以及不同学科的研究方法,对于知识量的积累却不加强调。自由选修课是任学生自由选择的一系列课程。对于自由选修课,学生的教育计划可以由其根据自己的兴趣予以确

① Jon Young.How is Teacher Education Changing?[J]. Canadian Journal of Educational Administration and Poficy,2004:32.

定,学校只在总体学分量上进行规定,这有利于小学社会课程教师多元知识结构的形成。

再次,加拿大在强调教育理论知识的基础上,更强调对学生的理解与指导,要理解学习学生发展理论,要学会观察学生与管理学生等。而社会课程的生活性、社会性和实践性注定小学社会课程教师相比其他学科教师而言,更需要具有理解学生、管理学生和指导学生的能力。

使教师具备一体化的知识素养是加拿大小学社会课程教师培养的重要目标之一。围绕这一目标,加拿大要求教师不仅应该具备良好的社会课程知识基础,而且还应该对教学大纲及政策有充分理解,懂得教育研究和数据分析以及会观察学生与管理学生等。因此,从课程设置和课程实践来看,加拿大社会课程教师教育的课程范围都很广,同时对通识课程和专业课程进行了有机结合,把综合课程放在了较为重要的位置,对于依靠简单的堆砌来提高知识的积累不再认同。加拿大更注重的是如何利用各学科的关联来整合知识,最终达到知识的"相融"。

3. 持续性的实习实践要求

加拿大对于教师培养中的实践训练强调持续性要求。加拿大所有的职前教师培养课程,不论其时长及结构如何,均包含实践经验部分,即"实习课程"。同时,新教师入职计划和指导计划也可以视作实践课程的延续。[1]实习课程期间,准教师要在受到监督、指导及评估的环境下进行课堂教学活动。实施监督的一般是一位有经验的高级教师。各省通过院系对实习课程进行管理。实习课程是连接教师在学校所学的理论及研究型教学理念与实际教学活动的重要纽带。某些培养课程还包括在学校或社区环境中针对个别学生的实践经历(不要求评估)。教师通过这些计划应当形成对不同的学习环境的理解。各省对职前实习课程的时间有不同的规定。魁北克省的要求最长,大约二十周。而安大略省的实习实践分两个阶段,实习课程和正式实习。实习课程很短,只有四十天,是为进入学校进行课堂教学实践做准备。准教师被分配至初等学校,配一名认证教师,完成两个为期四周的实践。在实习课程期间,

---

[1] Ontario Ministry of Education.New Teacher Induction Program Manual [Z]. Queen's Printer for Ontario, 2010:3-7.

准教师要观摩和教学,探索更为广泛的主题和问题,并评估、反思自己以教师为职业的天资和承诺。实习课程结束之后,是为期五周的正式实习。实习一般是在学校,但也可以在博物馆或媒体等具有教育或沟通部门的其他教育场所,实习的地点也没有地域限制。通过正式实习,准教师有机会在非评估性环境中形成并发展新的技能。不列颠哥伦比亚省的实习课程分为两周的基本作业和十周的延伸作业。要圆满地完成这两次作业才算完成了整个实习课程。延伸作业是此前的基本作业的延续,一般在同一所学校完成。十周的延伸实习课程的评估目标是证明准教师可以独立地以新老师应当能够做到的方式进行规划、授课及学习评估。从为期两周的基本作业开始,准教师们就慢慢地开始教学工作,并随着专业水平的提高,慢慢地承担更多的责任。准教师与富有经验的高级教师配对,由高级教师指引并评估准教师的课堂表现、课程计划及学生互动。准教师不上课的时候,就在课堂上对校方顾问进行协助或观摩。在延伸实习课程期间,准教师按照校方及校方顾问的指导备课,并且至少提前24小时提交教案,以便做出必要的修改。初等学校的老师一般要每门课都能教,五至七年级的老师应当可以教法语核心课程。

在所有的实习课程中,高级教师要对准教师进行指导,并在实习课程报告当中对他们的表现和天资进行评估。该报告必须说明准教师将如何成为一名教师、达到教学要求、支持学校的活动并与同事协作。各学院对上述要求的方式及侧重点均不相同。各学校及省份对该报告的格式要求均不同,一般还附有口头反馈。实习课程报告有时由准教师和高级教师共同编写,分析已经取得的进步以及有待提高的地方。[①]

此外,以实践为导向是加拿大教师教育课程实施的又一特性。在其教师教育课程体系中,基于不同课程的不同性质,课堂讲授、小组研讨、微格教学、行动研究、主题发言等多种形式得到了设立。如,英属哥伦比亚大学和安大略教育研究院就采用了团队学习的课程实施形式。在"团队学习"理念下,教师培养单位以所教层次或不同学科为划分依据,将教师候选人划分为若干团队。团队划分之后,每个团队设有专任指导教师,协调候选人课程、行动研究

---

① Lemisko, L.Circles of Inquiry: Creating a Culture of Inquiry to Enhance Early Learning [M]. Saskatoon: Dr.Stirling McDowell Foundation for Research Into Teaching, 2011:11.

与中小学合作的关系。[①]在团队中,共同参加课程学习,共同到指定合作的学校进行教学实践是各团队成员需要一起完成的任务。一般情况下,小学教师候选人是根据主题来分组,而中学则基于学科。这种类似学习社区的教学组织形式有助于候选人持续不断地进行探究、批判性反思和发展自身实践技能。

目前,加拿大社会课程教师培养已走出大学课堂,走进中小学教室,"大学为本"模式逐渐转变为"大学——中小学合作"模式。这种模式采取着眼于实际问题改进的行动研究,改革传统班级授课制的团队教学等多种形式来帮助未来教师发展解决实际问题的能力和批判反思技能,并且,通过延长实习时间,在实习过程中配备多名指导教师、建立全面支持体系帮助教师候选人架起理论走向实践的桥梁,从而提高未来之教师的实践能力。[②]

① Secondaary Program Cohoerts〔EB/OL〕. http://www.oise.utoronto.ca/preservice/secondary/_cohoets.php, 2014-11-12.

② Field Experiences〔EB/OL〕. http://www.uofaweb.ualberta.ca/fieldexperiences/student teachers cfrn, 2014-11-09.

七、加拿大小学社会课程的审视与启示

目前,课程综合化是世界范围内教育改革的一大趋势。在这一趋势下,综合型的社会课程因其有着分科课程无法取代的优势,成为诸多国家教育改革所关注的焦点。特别是对于我国而言,经历了"断层"的小学社会课程已回归小学课程体系,并且经历了新的课程整合。亟需在有选择性地吸纳教育发达国家经验的基础上迅速发挥其应有的作用。通过对加拿大小学社会课程的审视和思考,可以对社会课程这一"非常课程"形成正确认识,也可以为我国小学社会课程提供思路,思考未来发展之路。

(一)对加拿大小学社会课程的再认识

通过对加拿大小学社会课程的课程目标、课程结构、教学模式等的分析,我们已更为清晰地看到了加拿大小学社会课程的内涵与特色。加拿大小学社会课程体现出共同的"非常课程"性质,但也存在一定的挑战与争议。

1."非常课程":全球化境遇下的小学社会课程

社会课程于 20 世纪初诞生于美国,是一个比较新的教育领域。由于各种教育理念都希望给予其营养物,拥有话语权,故社会课程的性质和内涵理解各不相同。所以要比较就要先弄清楚社会课程到底是一门什么课程?笔者首先对社会课程的性质、特点、本质内涵和教育价值进行了探讨。在归纳社会课程主要的三分法和五分法这两种划分体系基础上,梳理出关于社会课程性质的四种争论,即社会启蒙教育、社会改革教育、社会科学教育和个体发展教育。随后对美国、日本、法国社会课程的含义进行比较,归纳三者对社会课程的共同基本认识。基于社会课程性质及各国对社会课程的界定,认为社会课程是以培养符合国家利益的公民素养为宗旨,以公民认识社会、理解社会、促进个体及社会发展为目的课程;其内容设计为社会科学知识的综合性学习,任务涉及"完整"的公民塑造的诸多主题;其课程形态具有多样性,即可表现为一门课程,也可表现为一个领域或课程体系。本质至少包括三个要素,即以国家利益为上,培养国家忠诚感公民;培养公民认识及理解社会,实现个体社区化;课程形态多样,内容是一个学科群落。这种本质特点加上小学阶段的独有特征使其呈现出了综合性、实践性、开放性的特点,赋予课程特有的教育价值,它是实施公民教育的重要途径,是道德教育的重要载体,是实现自我发展的理想渠道。总体而言,社会课程是有别于传统课程的一门"非常课程"。

这种"非常"一方面体现在其诞生上,社会课程不是源于人类传统教育的知识体系,更不是在原有的学校学科体系上分化、统整出来的新课程,而是近代文明(尤其是城市化)社会的产物。进入近代社会以来,社会结构、产业结构、政治结构在现代科学技术影响下发生了改变,人类的生活方式也在高度的产业化、信息化,特别是在全球化影响下形成了重大变化。在这些变化的影响下,社会课程特有的性质决定其更能在现代社会中承担起个体社会化的重任,这一点已在前文中进行了明确的分析。虽然从理论上讲,完成了自身改造的传统学科课程在一定程度上能部分地适应社会发展的要求,但传统的学科课程对于这些问题的解决具有很大的局限性。传统意义上的学科教育在功能上就不能满足这些需求,功能的缺失和难以整合导致它们的直接效益并不能达到人们所期望的状态。事实也证明,随着社会的发展,如果仅仅依赖于传统学科课程自身充氧式的改革,并不能从真正意义上推动教育进步。门类齐全、知识繁复是传统课程设置的特性,也是其不足之处。而且,其间还存在着各学科之间并不能有效融合的缺陷。传统的教育理念没有对问题思考、创造性学习活动以及整合性思维培养予以足够重视,而是一味地将注意力集中于知识接受、指令性教学任务、单向性思维训练等方面。由此,导致教育环境长久以来保持着权威性、划一性、封闭性和机械性。在这种情况下,具有综合性特质的社会课程的设置,恰好弥补了传统课程在学校教育服务于社会发展、服务于学生自我发展方面的局限。

另一方面,"非常"体现在其本质上。人们以往在知识性质方面的认知水平,导致了知识与标准具有唯一性与划一性。学校的权威、教师的权威、学问的权威和教科书的权威是当时的学校所追求和力图树立的常规。20世纪初,杜威的理论逐渐对学校教育产生重大影响,学校课程新的改革由此拉开序幕。曾经孤立存在的学校教育,在"儿童生活中心主义"的影响下,越来越多与

学生的自身发展相联系。此时,学校教育不再被视为"标准化产品"的生产线,
而是成为一种促进学生自我发展、自我完善的重要途径。社会课程的适时出
现,恰好帮助了儿童科学地认识社会,正确地理解个人与社会的关系,培养其
参与社会生活的能力以及形成履行社会责任的积极负责的态度。这正是儿童
自我发展、全面发展所需要具备的知识与能力。因此,社会课程对知识的构建
有别于传统课程,其是依靠"学科群落"型的内容体系来完成对儿童的培养。
在传统课程中,很多学习内容往往具有重复性,这种重复性对学生的兴趣和精
力都造成了极大的损害,而且严重割裂了学生学习的承继性。虽然这能一定
程度上有利于在同一标准下形成知识积累和做个别能力的训练,但是,以我们
今天的眼光来看,它对于学生的"学",对于各类现实问题的解决,对于人的全
面发展,并无任何益处。因此,在现代社会中如果还有人坚持认为分科课程是
最适当的或是唯一的课程组织形式,是值得怀疑和否定的。我们今天之所以
设置社会课程,其出发点决非是让传统学科得到完善与补充,而是希望传统的
教育观能够得到彻底的改变。人们尝试转变教学中的"以获取知识为目的"的
课程观念,并力图将课程学习的内在化过程作为学生学习兴趣的基础。在这
一理念下,人们摒弃课程学习是为了某一学科而存在的观念,满足学生的自我
完善并获得社会性发展应成为课程学习的重要目的。换而言之,现代教育观
认为"受教育者"是全面发展和不断发展的人,而学生的发展需要正是课程存
在的意义。

　　虽然,今天的社会课程仍一定程度保留了分科的形态,但其整个内容体系
已然不能,也无法保持传统学科的单一性,而是以综合性、复杂性的形态面向
世人。这不仅仅是因为其学习领域的多样化与综合性,更重要的还在于其课
程结构的多样性。也正是因为这种综合性,社会课程已经成为全球化境遇下
的"非常课程"。

2."面临挑战":加拿大小学社会课程的现实境遇

　　从前文对加拿大社会课程历史演化的梳理也发现其发展过程并非一帆风
顺。虽然在 20 世纪已完成了本土化的课程设置,呈现出非常有特色的课程体
系,并且作为公民教育课程备受重视。但 21 世纪以来,加拿大社会课程纷纷
开始了改革,特别是加拿大英语区,这些改革除了是为了顺应新时代的需求

外,更主要的是加拿大的社会课程发展面临着多维因素的影响。

首先,面临资金短缺与课程资源匮乏的挑战。在近十年中,加拿大社会课程被削减预算以及材料短缺的情况普遍存在。经济和社会现状影响着教师在课堂上选择教具、组织教学等课程环节,而这似乎已经引发了在教育景观中更大的不平等。比如,在加拿大教育中,不管是中学生还是小学生,都可以使用电脑进行在线学习,尤其是当他们处理一些需要搜集材料的研究项目时。但是在现实中,学校与学校之间、学区与学区之间在是否能够提供电脑上仍存在着不小的差异,更为巨大的差别则是学生能否在家使用电脑及网络。此外,巨大的不平等存在于各省之间,其中,经济较为发达的省为课程教学、教材研发以及购买新材料优先提供经费支持,而在一些经济欠发达地区,能否为教师配备办公电脑仍是尚待解决的问题。随着数码资源的发展,地区之间、学区之间、学校之间、学生之间贫富差距拉大的趋势有所加速。

除了资金的不平衡外,课程资源的开发也是近几年的新问题。虽然社会课程的实施与改革一定程度上促进了课程资源的研发,但从总体上看,仍然缺乏对社会课程材料提供足够的支持。教师们理应研发并使用属于自己的教材,可实际情况不容乐观。例如大西洋诸省的一些教师依旧使用着早已过时的教材,而且在技术整合上得不到任何支持。还有一些地区的教师尽管能够获得更多的课程资料,但没有人指导他们如何有效运用这些材料,导致教师没有机会保持自身职业发展。但是小学社会课程是一门综合性极高的课程,需要优质教材来解决不同背景、不同经验、不同能力学生的需求,而且必须提供合适的教学方法和策略来应对多样化的社会经济环境以及当今课堂多元文化的现状。因此,教师们纷纷对社会课程教材提出质疑。"我们采访的很多教师都强调要确保课程材料满足不同能力水平、不同兴趣、不同经验的学生的需要。来自多元化背景的学生们在课程研发与教材开发的过程中应该得到识别与重视。"[1]

整体而言,当前满足课程资源需求的最大瓶颈是经费问题,以及如何准确认知逐渐增长的多元化学生所带来的不同需求。由于大部分学校的课程目标覆盖一个年级的多个主题,加之现实中存在大量复式教学班级,且缺乏足够的

---

① Sears, A., & Wright, I. Challenges and Prospects for Canadian Social Studies[M]. Vancouver: Pacific Edu-cational Press, 2004:50.

资金为每个班级购买教学材料,这意味着教师们只能寻求其他方法分享教材或重新安排时间来使课程得以实施。因此,许多社会课程教师都表达了需要"处方"来研发课程材料。从教材性能分析,与教材的教育性相比,教师们更希望使用灵活的、可供选择的教材。新材料一定要提供能满足课程目标的全部内容,同时包括教学步骤与实施策略。此外,新材料还被寄予更高的期待,即具有多媒体元素,可以供教师们方便获取。其中,可视化工具、合作学习策略、地理信息系统、评估策略等是被提及最多的有效资源。

其次,面临公立教育现状的挑战。加拿大学者认为现存公立教育的现状不能满足小学社会课程的教育目标。正如特伦斯·R. 卡森(Terrence R. Carson)指出,"只要观察一下公立学校教育现状,不难看出课程和教学是怎样在受一种竞争式个人主义的支配的。学习的目的是在一些地位高级些的课程方面拿高分,人们相信修好这类课程,以后就可以从事商业、工程和医学方面的职业。课程本身被破碎成专门科目,其结果是人文、艺术、社会科学已越来越边缘化,被数学、科学和技术科目挤开了"。[①]尽管本质上加拿大中小学必修课程规定了应该传授什么知识,但实际上教什么与怎么教的最终决定权还是在教师手中。对于大部分小学教师而言,学生的读写能力决定着社会课程的内容与材料,同时也影响着课程能否获得优先权。读写能力和运算能力在标准化考试中体现出的重要性已经导致社会课程内容只能占有更少的时间,同时,这些内容还被迫要在语言教学背景下完成。语言和数学科目的标准化考试已经给很多教师带来巨大压力,使他们不得不让学生花更多的时间学习这些科目来应对各省的评估考试。也由于标准化考试的需要,社会课程有时更加注重数学素养和读写技能的培养,而忽视了社会研究的概念。而有些教师就一定程度上形成了"一举两得"的心理需求,即在社会课程上进行知识学习时,用整合的方法讲解其他科目,特别是语言课的内容。[②]这使得一些人开始觉得社会课程比不上其他核心科目的价值,因此只能拥有极少的时间。这种认知直接给社会课程的存在价值提出了挑战。

---

① 乔治·H. 理查森,大卫·W. 布莱兹. 质疑公民教育的准则[M]. 郭洋生,邓海,译. 北京:教育科学出版社,2009:18.

② Sears,A.,& Wright,I.Challenges and Prospects for Canadian Social Studies[M]. Vancouver:Pacific Edu-cational Press,2004:50.

除了要应付那些需要标准化考试的学科外,在一些社会课程课堂上,教师们面临两个重大挑战,一是多元社会下,不同民族的移民对于加拿大社会的学习适应,因此,一些地区的教师将社会课程的培养重点放在满足不同学生的需求方面,特别是英语为第二语言的学生。二是社会课程内容被那些凌驾于社会和经济之上的话题取代,一些小学全科教师不得不选择替代一些必修课程,从而在课堂上应对一些急迫的需要或危机。例如,由于学校里正在频繁发生的学生之间相互欺凌的现象,新斯科舍省一所小学的教师需要借用社会课程的时间与学生们讨论有关霸凌的问题。有些教师则决定讨论那些与课堂和学校相关的社会和情感问题,同时忽略哪些他们认为远离学生现实生活的主题。

第三,面临社会课程自身课程结构的困惑。加拿大小学社会课程目标的层级性和整体性是其课程特色之一。但是,当课程目标过于烦琐精细的时候,具体的课程目标便成了一把"双刃剑"。比如,安大略省四年级社会科课程共有 45 项具体目标,阿尔伯塔省四年级则高达 102 个具体目标,不列颠哥伦比亚省省五年级课程规定要达成 24 项具体学习目标。克拉克和凯斯认为,在课堂上覆盖所有具体目标并不一定能通向有魅力、有意义的学习,其理由主要有如下四点:一是目标不能支配教学方法,比如教师可以将学生对于中世纪生活的描述作为评判其学习效果的标准,但也可以通过阅读一本小说将学生拉回中世纪的历史,使他们获得相关信息。二是目标并未形成固定的可教集群,单独授课、小组学习、项目合作在这些笼统的目标之下毫无区分。比如安大略省四年级课程关于中世纪的 18 个具体目标甚至有可能在一个大的项目中完成,即组织同学们研究、编撰、表演一部有关中世纪生活的话剧。三是目标不具有优先事项,因为不可能每个教学目标都同等重要,课堂上也不可能将每个知识点都按相同的时间分配。四是目标不能代表效果,因为文件中所设计的目标不可能表明学生们真正的学习结果。

除了课程目标结构过于细化的问题,加拿大小学社会课程经过几十年的发展,越来越强调课程结构的关联性,注重内容的结构性、开放性和整合性,要求教学集中在思维培养上,比如多维视角、历史和地理思维以及发展思维技能等,聚焦探究性和项目性学习,使学生能进行有意义的大概念学习。但 21 世纪以来,加拿大一些省份的社会课程已经经过四次改革,频繁的改革也引发了一些不同的声音,诸如课程修改与研发过程的政治化已经影响到社会科学课程应该教什么以及怎么教;增加历史内容、使社会课程学科化、强调公民教育这三大需求带来的错综复杂的关系也导致课程开发过程充满争议,由此减缓了课程实施的进度等。比如一些教师表达了在以结果为导向的课程研发中课程内容范围与顺序的规范性,以及课程内容是否符合学生年龄特点等问题的担忧。对此,一部分教师开始回归到传统的环境扩展模式来教授社会课程,认为该方法清晰地定义了范围与顺序。还有一些教师开始了自主探究,在新的课程改革中开发带有强烈个人特点的范围与顺序图表,这些图表以课程结果为中心,试图使新项目融入传统课程组织方法的结构之中。但这种教师的课程开发由于教师对于课程理论和哲学的深浅程度,以及如何实施课程、如何评估课程等理论的缺乏,无法判断其效果。

3."成效几何":加拿大小学社会课程的争议不断

在加拿大历史发展的进程中,各民族之间迥然相异的文化、信仰、价值观与生活习俗不时相互碰撞。因此,加拿大历史发展所围绕的核心问题便是如何使人们在这同一片土地上和睦生活。加拿大社会课程自发展之初便深深打上了这种烙印。

加拿大政府成立之初,便致力于将来自不同族群、不同文化背景的人进行同化,以使人们保持统一的价值观和行为方式,即推行以"盎格鲁化"为主导的政策。因此,公民教育课程在这一时期并未以专设的形式出现。学校活动和其他文化课程分担了公民教育的责任。这一状况一直持续到 20 世纪 20 年代。1920 年,加拿大开始引进具有美国特色的公民教育课程,并逐渐将其作为专门课程在多个省开始实施。此时,"拓展视野"是该课程的核心理念。其目的在于让来自不同种族、不同群体的学生快速地认知社会事务,让不同民族的传统在主流文化和意识的影响下得到同化,让人们在"盎格鲁文化"的浸染下逐步成为保持同一种思想、同一种行为的加拿大公民。

但是,"同化政策"并未取得预料中的成功,反而导致了混乱的局势。为了挽救这一失败,加拿大政府开始了"加拿大化运动"。这一运动无疑是效仿了美国的"熔炉"政策。在这一时期,多元文化的特质被加拿大政府所承认。作为该运动的倡导者,加拿大政府试图促进不同种族的人们相互了解和包容,整合来自不同族群的文化要素,以形成一种全新的"加拿大式"文化体系。因此,整个社会课程体系自 1930 年开始了转变,以"孩子为中心"作为核心理念嵌入了课程体系中,注重"造就局部优秀"的教育观逐渐退出历史舞台,此时的社会课程更为关注儿童的全方位发展。在这一时期,由于深受美国的影响,社会课程中包含了大量在美国社会课程中引进的内容,呈现出一种"美国制造"式的课程形态。不仅如此,英国也对加拿大社会课程的发展产生了一定影响。因此,所谓的"熔炉政策"从根本上讲只不过是"另一种形式的同化",加拿大的民族矛盾并未得到真正意义上的改变,以英、法裔为主流的文化与意识依然占据着主导地位。

为了走出"同化"主义的阴霾,自 1971 年加拿大政府颁布实施多元文化主义政策,试图建立起一个自由、宽容、平等的国度。这一时期,在多元文化主义的影响下,民主和平等意识在学校教育中得到了不同寻常的关注。因此,以公民教育为主的社会课程在 20 世纪七八十年代得到快速发展。道德教育、价值认同、环境保护以及公民权利等多方面问题被纳入社会课程的内容体系。这一时期,"美国化"的课程模式和内容逐渐淡出人们的视野,社会课程越来越清晰地显现出"加拿大特色"。

20 世纪后期,伴随着全球化进程的加快,加拿大小学社会课程迈入了新的发展阶段。课程理念逐步演变为培养"社会凝聚力",课程内容不断丰富,教学手段不断完善。社会课程逐步演化为科学、系统的课程体系。而且,课程对教育的经济价值予以了很大的关注,试图最大程度地丰富学生的高科技知识,以提升其适应力、竞争力和参与力,并鼓励学生以积极的态度参与社区生活和政治活动。目前,社会课程教育对增强社会凝聚力、维护加拿大社会稳定发挥了重要作用。甚至绝大多数人都认为,"如果加拿大是一个由有知识的和受过教育的人构成的国家,那么我们既不需要担心政治上的极端激进主义者,也不需要担心反动分子。教育是最好的国家安全措施"。

当然,这种多元文化主义也具有自身的局限。从理论上讲,加拿大社会课程的多元文化主义并非完备,诸多学者对其理论的缺失予以了指责。甚至有人认为,法裔与其他少数族裔的根本利益在多元文化主义下遭受了极大的损害。还有学者认为,这种仅停留于族裔认同而不关注国家认同的多元文化主义似乎更容易造成种族隔离。长期奉行如此的多元文化主义,甚至会面临国家分裂的危险。另一部分批评者指责多元文化主义实际上是象征性的,它所提供的充其量是让少数族裔保留少部分的文化特性而已。这种观点认为多元文化政策不仅有维护"盎格鲁–撒克逊统治手段"的嫌疑,而且正在变为政府的一种"空头精神支票"。政府既肯定个人主义价值,同时又肯定多元主义。因此,面对诸多的诘难,加拿大社会课程一直试图将"多元"与"统一"放在一个并重的位置,以寻求公民教育的一种理想的平衡状态。

从其小学社会课程的发展历程来看,虽然历经了曲折与困难,但在全球化的大背景下,小学社会课程指向非常明确,即社会课程基于对广泛的人文社会科学知识的理解,旨在培养具有批判性思考能力的、对社会负责任的公民。培养负责任的合格公民是社会课程的终极目标,其重点在研习对终身学习和做个合格公民有用的社会知识、概念、技能和科学方法,而对课程理念和原理的深入研究,就在于有效地组织和整合课程的知识目标、技能目标和态度目标,为达到课程的终极目标而服务。正如加拿大教师联合会(Canadian Teachers' Federation)在其提出的"关于公共教育的观点声明"(The Vision for Pubfic Education Statement)中所强调的那样:"七个强大的公共教育制度对保护和促进民主是必不可少的。学校必须把学习者培养成为关心的、敏感的和主动的社会成员。"

虽然加拿大的小学社会课程公民教育目标明确,但质疑之声不断。第一,部分学者对其合理性甚至对公民教育这一概念本身提出了质疑。卡森认为,"正规的公民教育责任主要分派给一门课,即社会科课程,而这门课讲的大多是历史和政府的结构和功能,极少涉及能引发辩论、要求做出参与性民主决策的具体的公共问题。诸如个人安全、环境、社会正义等这些能真正引起青年人注意的问题,往往得不到探讨;即便偶尔讨论到这类问题,学生的参与方式几乎局限于投票和给国会议员写信等形式上"。[①]这使得社会课程语境中的公民教育更多转向与公民的公共话语相关的内容,比如人权、语言、民族主义、全球化、平等和多元文化主义,关于公民教育应该教什么的讨论已经变得更加关

① 乔治·H.理查森,大卫·W.布莱兹. 质疑公民教育的准则[M]. 郭洋生,邓海,译. 北京:教育科学出版社,2009:18.

注包容的概念,即如何在课堂上教会学生宽容,懂得尊重多元文化,坚定地反对种族歧视,消除不平等。这必然要求社会课程的课程标准从目标、内容到教学都要进一步进行改革,特别是关于公民教育究竟怎样在社会课程中得以呈现的问题。

第二,随着加拿大公民教育的深化,使得其他学科中公民教育的作用正在逐渐增强。[①]比如,安大略省已经开设了独立的公民教育课程,其他一些省和地区也在考虑研发相似的聚焦公民教育目标的课程。对此,大卫·W. 布莱兹(David W. Blades)和乔治·H. 理查森(George H. Richardson)认为,学术界大力鼓励公民教育在社会研究以外的其他科目中延伸和发展,公民教育课程的扩展应该在认同以社会研究为中心的前提下,将公民教育话语与其他科目结合起来。因此,社会课程应该在公民教育的背景下保持优势地位,作为研究的焦点,并帮助学生探索交叉学科,而不是使公民教育在似乎不相关联的学科海洋中形成孤立的岛屿。[②]

第三,加拿大政策和社会发展的问题,影响了社会课程的教学效果。一是民族层面,加拿大因纽特、梅蒂斯等原住民群体代际性贫困问题日益加剧。二是社会层面,难民接收状况及其社会影响不可小视。一方面,接收难民给各级政府在财政、管理、社保、安全等方面增加了多重负担;另一方面,多数难民因语言、宗教、文化等原因基本无法融入加拿大社会。三是地域层面,魁北克问题一直是困扰加拿大联邦政府的一大政治隐患。法裔加拿大人和英裔加拿大人的隔阂与冲突是加拿大殖民时期的历史遗留问题,并由此产生了魁北克法裔民族主义运动。从历史与现状来看,加拿大魁北克问题仍将长期存在。[③]这些问题直接导致公民教育的效果大打折扣。一项对加拿大大西洋地区某白人社区4—5年级学生为期两年的公民意识研究显示,这些孩子甚至不具备基本的多元化特征与品质,当被问及如何描述加拿大人的多元化形象时,他们坚持将加拿大人定义为"白色人种、英语、基督教"。可见,于他们而言,加拿大

---

① Sears, A., & Hughes, A.S.Citizenship Education and Current Educational Reform[J]. Canadian Journal of Education 21, 1996(2):123-142.

② 乔治·H. 理查森,大卫·W. 布莱兹. 质疑公民教育的准则[M]. 郭洋生,邓海,译. 北京:教育科学出版社,2009:173.

③ 仲伟合. 加拿大发展报告 (2016)[M]. 北京 :社会科学文献出版社,2016:45.

人还是一个种族化,而不是民族化的身份。①2019 年加拿大联邦大选期间,民调公司益普索公布,约 47% 加拿大受调查者认为种族主义是一个严重的问题。②

(二) 加拿大小学社会课程的启示

20 多年来,虽然我国小学社会课程的发展取得了明显成效,特别是 2022 年新的义务教育课程标准颁布后,我国的小学社会课程统一调整为《道德与法治》,面对这样的新课程,使其更好地落地,是教育工作者必须思考的问题。较之我国,加拿大社会课程发展逻辑从未间断,虽然同样存在一些局限,但其更为完善的课程体系、丰富的课程内容、多元化的教学模式等,都为我国小学社会课程的未来发展提供了经验。

1. 完善科学统整的课程内容体系

公民素质带有强烈的政治倾向性,所以社会课程目标总是和一定的政治倾向性紧密相连,因此,对加拿大小学社会课程的借鉴,并不是要向他们的"倾向性"靠拢,而是要更加科学、合理和有效地构建体现我们"倾向性"的课程目标和内容体系。虽然新的义务教育社会课程标准对课程目标、课程结构和课程内容都进行了重构,但仍然可以进一步优化。

首先,从课程目标而言,横向可适度提升智育要求,纵向尝试提出分级目标建议。一方面,新课程提出了政治认同、道德修养、法治观念、健全人格、责任意识五大学科核心素养,集中反映出情感态度价值观目标的首要位置,总体体现出以公民品德为核心的社会性发展;而加拿大更强调作为一个合格公民所应具备的知识和技能,其认知和技能要求在课程体系中所占比例更大,价值观教育主要渗透在揭示知识和人类生活的关系之中。小学社会课程不仅要对儿童进行品德教育,还有促进其社会性发展,使儿童在未来能成为合格的公民。因此,社会课程所承担的教育任务不是唯一的。这就要求小学社会课程

---

① Varma-Joshi, M.Multicultural children's literature: storytelling the Canadian identity[D]. Toronto: University of Toronto, 2000: 14-33.

② Impson S. Racism in Canada [EB/OL]. https://www.ipsos.com/sites/default/files/ct/news/documents/2019-05/ipsos_global_news_-_racism_-_2019.pdf.

要在实现知识、技能习得的基础上实现素养的养成。所以,知识是以人文社会科学知识和社会实践获得的认知成果为基础,方法是将知识转化为社会实践的有效方式与重要工具,素养则是儿童在学习和实践过程中以及在社会生活体验中逐步养成的必备品格与关键能力。小学社会课程必须在注重知识传授和方法培训的基础上实现素养的养成。相对而言,我国小学社会课程教育目标稍显窄化,知识目标集中体现在法治,这不完全适应于我国社会主义合格公民的培养,可以适度调整课程认知目标和技能目标的比重,完善社会课程知识、能力和素养三位一体目标体系和内容组成,强化一些有利于学生社会化发展的内容要素,适度提升对学生的能力要求,才能完成为培养国家理想公民奠定基础的教育目标。另一方面,我国现行的小学社会课程在总目标方面足够清晰、简明和全面,在分目标方面还有待细化。我国以个人的全面发展为出发点设置了小学社会课程分目标,虽然提出了多维素养目标结构,却一定程度上忽略了个人发展的阶段性和顺序性。因此,无论是分类目标还是内容标准中都没有按照年级或分学段进行划分,而且,将低年级和中高年级分别作为一个整体来规定目标和学习内容。这样的方式虽然为各年级选择内容创造了空间,可以使各年级内容的组织具有较大的灵活性。在各个年级,无论选取哪一部分的哪一条内容,原则上都是符合目标的。但小学高、中、低年级学生的认知水平、活动方式、活动范围和能力都有较大的不同,学习还有一个课程门类之间知识相互支撑的问题,不是任何一项内容都可以在每一个年级随意安排。我们在依据课程目标无法做出评价与要求的时候,选择了感觉和经验,而这并不是最为科学合理的行为。加拿大则基于明晰与准确的标准,对小学社会课程目标体系作出了分年级或分学段的划分。加拿大设置课程分目标与教学内容的依据在于儿童的真实发展水平,并整合了每个学年的学习内容与学习目标。这样的设置最重要的作用在于可促使教师将课程内容与课程目标作出较好的衔接,并最优化对教学进行组织。鉴于这样的经验,我国小学社会课程的目标有必要改变这种横向目标充分,纵向目标不足;宏观指导有余,微观具体不足的现状。在我国小学社会课程未来的发展中,应基于儿童的实际学习状况,在原有基础上对分级目标进行纵向设置,使课程目标与内容易于理解与把握,从而推动教学活动顺利实施。

其次,就课程体系而言,模式结构有待多样化。一门课程如果没有组织模式的一以贯之,没有基本要素的排列组合,就不可能产生完善的课程内容。虽然我国小学社会课程在组织模式上进行了尝试,也在各种模式下的学生本位结构上取得了突破,但我们应该心平气和地承认,我国小学社会课程组织模式的多样性、结构设计的连续性与渐进性、起点水平等方面确实存在不足。社会课程跨越了众多学科门类,因其内容的广泛性,其课程建构无疑是困难和富有挑战性的。中加两国的社会课程结构,都强调以学生的发展为中心,按照不同的模式进行了构建。但是,相比于加拿大各省依据本省实际,进行小学社会课程架构,形成在时空范围的基础上,以主题轴模式、概念框架模式、学科本位模式等为主的课程结构,我国的小学社会课程结构则相对单一,即使是新的义务教育课程标准,也主要依赖环境扩展这一种课程结构模式。但是,我国各地区的社会发展与教育水平差异较大,如要满足不同地区、不同学生群体的环境扩展,其内容差异性必然存在。因此,可以在新课标的统整下,尝试校本社会课程的开发,并采用各具特色的课程构建方式,实现课程结构体系的多样化发展,这样既兼顾国家指导性,又照顾地方多样性,也许可以成为我国小学社会课程未来发展的方向。

再次,就课程知识系统而言,还可以进一步充实。课程内容是课程目标的具体化,课程目标的差异必然使得课程内容的侧重点不同。小学社会课程内容是为了培养公民的素养,我国小学社会课程内容组成上侧重于知识的价值取向和道德意义,加拿大强调作为一个合格公民所应具备的知识和技能,内容组成上强调知识的相互作用与思维训练。在课程目标的比较中发现,社会课程反映了意识形态和社会制度的不同,我们要在体现我国核心价值观的基础上,完善和优化小学社会课程内容构成。特别是在全球化、多元化的时代,对小学社会课程内容予以补偿和完善,是未来小学社会课程发展的重要内容。补充和完善小学社会课程,不仅所包括整合行为规范、社会公德、爱国主义、集体主义等方面的内容,还包括对历史、文化、地理、环境以及国情等多领域的整合,从而构成一个综合化、立体化的小学社会课程知识系统。

作为我国小学课程体系中与社会关联度最高的一门课程,社会课程对社会生活的反映是最全面的,对学生社会化发展的影响也是最深刻的。在 2022

版道德与法治课程标准中,其性质表述为是思政课,"旨在提升学生思想政治素养、道德修养、法治素养和人格修养等"。这表明,在儿童社会性发展的过程中,综合素养是其核心,而如何"促进学生的社会性发展综合素养"则成了课程的终极目标。因此,社会课程在凸显课程德育性的同时,也应扩展课程内容,强化一些能够促进学生社会性发展的内容要素,以彰显本门课程的终极意义。比如强化国家的概念,凸显中华民族共同体意识等价值观念,强化国际理解、全球教育等。在新版课程标准中,这些内容有,但琐碎零散。因此,首先可以考虑在课程内容"我们的国家"部分增加国家与政府的相关内容,在让学生知道我国的领土疆域等国家自然标志的同时,也知道国体、国旗、国徽、国歌(有些内容在低年级中出现,中高年级应该进一步深化)等国家政治标志。同时还应当让学生简单了解我国的政府机构及其主要职能、运作方式,了解当代中国在世界范围所处的地位、与他国的关系以及在国家发展中面临的各类问题及应对措施。通过这些内容,都可以实现对学生进行爱国主义教育的目的。其次,民主法治、平等自由、公平正义等人类普遍认同的价值观,它们既是学生应当具备的观念,也是学生获得社会性发展、成为现代公民必备的素质。民主和平等,主要围绕学校和公共生活让学生体会它们对于生活的意义,这些人类普适的观念对于人的一生来说是极其重要的,也是社会秩序得以正常运行的重要保障,是时代对现代公民提出的要求,应当在课程标准中得到强化和补充。第三,强化全球教育的内容。全球化时代的世界,政治格局、经济发展、科技进步、多元文化、相互依存、国际纷争以及全球问题对于人们来说都已经不再遥远和陌生。社会课程要为培养现代公民奠基,就必须直面世界,培养学生具备初步的国际理解能力和全球意识,必须要进一步强化涵盖有关世界的基本常识,涉及地理环境和区域、世界民族与文化传统、人类文化遗产、经济科技发展、世界面临的共同问题、国际组织及中国与世界的关系等诸多方面。比如宗教问题就应当出现在课程内容中。作为一种全球性的文化现象,宗教对整个社会的影响无处不在,世界范围内各地区的民族习惯、风土人情,乃至历史上和当今世界的许多国际争端都可能与宗教有关联。让学生了解世界主要宗教的有关常识,学习尊重、理解不同的宗教信仰,也是达成历史文化教育、民族团结教育、国际理解教育的重要途径。

2. 建构基于双主体的开放式教学模式

社会课程的教与学均不承认唯一的模式,也不再仅仅围绕灌输式、被动式等单一的教学手段展开教学,但相比较而言,我国对传统教学模式仍然显现出一定程度的依赖,对教师的权威性也予以了较大程度的保留;而加拿大则较为注重具有探究性与反思性的教学模式,在教学中也更注重凸显儿童的主体性。由此,也可以看出两国社会课程教学模式功能的差异。我国社会课程的教学模式侧重于"知识的积累"与"智商的培养",提倡教学的系统性;而加拿大社会课程的教学模式则侧重于儿童的"创造性的活动"及"能力的培养"。本书的观点在于:社会课程关注的焦点是"人",而非其他。基于这样的认识,我们应该在"双主体"的基础上完善小学社会课程的教学模式,建构社会课程开放式的教学模式。

首先,应注重教学中情境的创设。教学情境在教学过程中是普遍存在的,从某种意义上来说,为儿童的学习创设各种情境的过程就可以视为教学过程。我们所讲的"教学情境"一般而言属于狭义上的教学环境,它主要包含学校教育的多种构成要素,如教学设备、师生关系、学校规章制度等。在心理学看来,"它与意境不同,情境是客观的具体环境,意境则是主观的精神境界。情境在激发人的某种情感方面有特定作用……所谓情境是指对人引起情感变化的具体自然环境或具体社会环境"①。在现代教育中,如果教师只停留于知识的灌输,社会课程的教学将变得毫无价值可言。教师应弱化对教材的依赖,我们应根据教材和实际生活之间的联系,根据学生的认知特点和规律,进一步尊重儿童的兴趣和生活经验,以及对生活的真实感悟。在创设仿真情境或创造重复经历的情境和机会的基础上,对教学内容进行重现或还原,使儿童自身的知识结构在其切身的体验中得以建构。融合了人文情境与科学情境的课堂情境,还可进一步细化为情感情境、交际情境、问题情境、迁移情境、思辨情境等。由于情境本身带有情感因素,因此它能有效激发学生的情感。激发学生的情感是社会课程教学中的重要环节,我们要以唤醒学生的情感为出发点,以构建学生创新精神与创新能力的培养为切入点;同时,在教学中还应把握"以情动情""趣味引情""独特体验"等方法,采取多种手段进行实施,并贯穿整个

---

① 韦志成. 语文教学情境论[M]. 南宁:广西教育出版社,1996:24.

课堂教学过程予以实现。这种情感的激发不仅是情境设置的前提,也是课堂教学的前提。社会课程中的情境创设,不仅在一定程度上优化了学习内容和学习环境,更为重要的是使学生可以较为容易地主动体验到真实和模拟的社会生活。

第二,在教学中应加强学生的"体验"。就教育学的角度而言,体验主要包括三层含义:第一,作为活动目标和结果的体验,其包括感受、发现、理解、反思、感动等多方面的认知与情感因素;第二,作为活动过程的体验;第三,作为活动方式的体验。①这一论述给出了体验在教学中所具有的基本内涵,"在教学中,学生认知心理的投入还只是局部的投入,教学需要师生整个生命的融入,需要感同身受。这就是体验,认识、理解、质疑、反思,都只是用了脑,还要用心。"②由此也可以看出,"体验的学习"正是"用心的学习"。这种学习,也是对所学事物的一种心灵呼应和情感倾泻,是一种对生命的审美过程。正如美学领域所认为的:"审美体验是日常体验的升华,是个体在亲自活动中对理想的生命形象的直觉。简言之,审美体验是个体在亲自活动中对理想的生命形象的直觉。"③在体验学习中,学生的心理状态是积极的,不是每个学生每时每刻都能全身心地融入,而是要求每个学生都能有所感、有所思、有所应,而有所应是体验学习的理想境界,即在"感同身受""情感共鸣"的基础上实现所谓的对话与交互发展。

在教学中加强学生的体验,目的在于强调个体体验对学习的意义,但它并不是简单地主张在教学过程中获得新知识和新技能。这其间不仅包含了"做中学"的思想,同时也对如何总结与反思经验也予以了足够重视,其核心在于让儿童通过亲身体验去感受、验证、应用实践教学活动所要解决的问题,并能在此基础上对知识进行理解和掌握知识,而且能解决所面临的实际问题。正如马斯洛曾指出的:"我们有必要教我们的孩子领会统一与和谐,领会禅宗的体验,能够同时看到短暂和永恒,能够在同一个对象中看到圣洁和亵渎。"④

第三,坚持主体参与原则。在社会课程的教学中,应将"教师"和"学生"同

---

① 杨四耕. 体验教学[M]. 福州:福建教育出版社,2005:4.
② 张楚廷. 课程与教学哲学[M]. 北京:人民教育出版社,2003:12.
③ 王一川. 美学教程[M]. 上海:复旦大学出版社,2004:111.
④ 马斯洛. 人性能达的境界[M]. 林方译. 昆明:云南人民出版社,1987:192.

时视为教学过程中予以充分关注的能动性因素。具体而言,是指教学过程中不仅将学生作为一个生命主体予以充分重视,而且将其置于教学中心地位。这不仅意味着在教学中将"教师"与"学生"进行紧密结合,而且是进一步凸显以学生为中心的教育理念,教学活动的组织原则应以学生的全面参与作为重要的考虑因素。因此,树立科学的教育观对于社会课程的教学至关重要。以传授知识为中心、以书本为中心、以教师为中心的教育教学观念和方法已不再适用于当前社会课程的教学以及现代社会的发展。我们应引导儿童以积极的态度独立思考、大胆探索并独立完成学习任务。只有这样,儿童的主体性和能动性才能得到最大程度的发挥。同时,也需要发挥教师的主导作用。在教师的启发和激励下所展开的教学并不能因为将学生视为主体之一而受到影响。此外,小学社会课程的教学是一个复杂的过程,它强调儿童的实践和体验,但课堂教学中将会产生许多新的课堂情境,教师也将面临各种突发情况,而这些情境与突发情况是难以预料的。因此,处理好教师"导"与学生"学"之间的关系就成了社会课程教学顺利实施的重要保障。

3. 推进持续性的教师专业发展

通过前文对小学社会课程的师资培养理念、培养目标和具体课程设置进行了比较,可以看出,教师的专业化是社会课程得以落地的核心要件,也是教师培养中必须追求的目标,所以在社会课程教师的培养中,培养理念、目标以及教师教育课程的设置都具有一定的相似性。我国秉持专业化与知识结构多元的理念,努力培养具有敬业精神和专业化品质的优秀教师;加拿大也基于多元文化理念和标准化理念来打造培养知识素养一体化的专业教师队伍。但是,由于我国对各核心专业学科知识的片面强调,我国社会课程教师较难形成广泛、多元的知识结构;在实践训练方面,我国社会课程教师的实践培养也存在培养单位与实习单位沟通不畅、监管不力的缺陷。这些问题的存在,一定程度上制约了我国小学社会课程教师队伍的建设。因此,在保持我国社会课程教师培养的优势的基础上,借鉴加拿大社会课程教师培养的经验实现我国教师更高标准的专业化,也是社会课程建设与发展中面临的重要任务之一。

首先,要加强教师专业道德的持续培养。育人为本,以德为先。教育作为指向使人为"善"的一种社会活动,天然具有道德的属性。教师,特别是社会课程教师,作为儿童品德的培养者,其行为必须具备道德性质。正如加里宁所指出的:"国家和人民把儿童托付给教师们,要他们来教育这些年龄上最容易受影响的人,也就是说,把自己的希望和自己的未来完全托付给他们。这是把伟大的责任加在教师身上的一种重托。"①因此,教师的专业道德水准不仅对儿童的发展能产生深远的影响,而且还将对整个社会、国家、民族的发展发挥至关重要的作用。在这一点上,第斯多惠也认为:"教师致力于教育和培养工作,这不但关系到家庭和个人的幸福,同时也关系到整个国家的兴衰。"②

目前,我国社会课程教师专业化发展过程中的教师专业道德培养已受到关注,在职前职后教育阶段较为重视小学教师的思想政治素养与道德修养,包括思想政治教育与职业道德教育等课程的开设以及开展各类学习活动促进教师对《义务教育法》《教师法》法律法规的理解等。但从实际情况来看,我国社会课程教师专业道德培养仍存在一些不足,其中,教师专业道德培养的断裂是一个较为突出的现象。教师的专业道德成长需要职前职后的持续完善,但是,我国的教师专业道德培养在职前职后是相互割裂、相互脱节的。我们更关注如何通过灌输式教育使教师在一次性完成道德培养后服从于外在规约,而一定程度上忽视了道德培养的多次性和终身性。这两个问题的存在,严重阻碍了社会课程教师专业道德的成长。

而在加拿大,虽然社会课程教学在职前教育阶段并没有明确的专业道德培养要求,但是这一阶段并未忽视教师专业道德的持续成长。加拿大不仅在职前阶段直接开设了相关德育课程,向高校师生传授社会认可的道德价值观以及教师法律法规,而且在入职后头两年,教育部和学校要时常对其进行品德监督和检查。因此,我们在社会课程教师专业道德培养方面有必要借鉴加拿大的相关经验,应更关注如何构建统一、协调的教师专业道德培养职前职后培养模式,避免教师专业道德培养在教师专业成长过程中的断层。因此,我国小学社会课程教师专业道德培养过程中,可借鉴加拿大的相关经验,以终身教育思想为指导,按照教师的成长规律,对职前、入职和职后的道德培养统一规划,协调发展,使之相互贯通。其目的在于实现教师专业道德素养在其整个教育教学生涯中由外铄到内化的转变,克服职前道德培养和职后道德培养各自封

① 加里宁. 论共产主义教育[M]. 北京:青年出版社,1950:189.
② 第斯多惠. 德国教师培养指南[M]. 袁一安,译. 北京:人民教育出版社,2001:205.

闭、相互割裂的倾向,从而实现阶段性突破并得以持续发展。

其次,推进教师专业知识的持续发展。在教师专业化发展过程中,专业知识是必不可少的重要内容,同样需要得到持续的培养与持续的发展。

在我国,虽然对教师的职后培养非常重视,但在实际操作中,往往是对不同类型的教师进行统一授课,这是典型的"齐步走"与"一刀切"的培训方式。这本身就与教师应该掌握的科学的教学方法相违背。由此也导致教师职后培养中教学内容的选择存在目的性较差、缺乏实用性等缺陷。而且,我国的教师职前、职后培养单位长期以来处于彼此孤立和相互封闭的状态,培训内容的"重叠"和"交叉"难以避免,教育资源在这样的重叠与交叉中产生了极大的浪费,培训也难以达到预期的效果。

相比较而言,加拿大的职后培训更具有实效性,主要以制度驱动教师的培训主动性,并关注教师个体和内在的专业成长培训,体现了一种人文关怀的职后培训。在加拿大,公立教育系统中的新老教师在职期间均必须了解最新的教育研究信息,并不断地进行职业发展培训。这是因为,教师的专业化发展不仅需要个人的努力,同时也需要外界的支持与帮助。在支持性的组织和社会环境下,教师更有可能取得积极的发展和变化。[①]加拿大虽然没有统一的协同职业发展机构,但省教育厅、地区教育局、教师学院、大学、社区学院、专业联合会、教育咨询机构或私人企业都是潜在的教师培训课程的提供者。

一方面,加拿大教师联合会在教师培训中发挥了重要作用。教师联合会不仅为教师提供一般的培训、实习期指导、技术支持等服务,还直接组织教师进行相关专业技能的培训。对于培训的项目与内容,每名教师都可根据自身的发展需要自由选择。而且,教师联合会还帮助本国学校与国外学校建立合作关系,开展教师或准教师的短期互访、互换活动。

另一方面,加拿大的高校也投入了大量教学资源开设高质量的教师教育课程,为教师未来的发展奠定良好的基础。这些教学资源包括开放的信息网络,免费远程教育数据库,相关专业的期刊、书籍、论文等丰富的学习资料。并且,很多高校非常重视职前培养与职后培训的衔接和持续性。一方面,高校为

---

① Fullan,M.The Limits and Potential of Professional Development [A]//Guskey,T. R.,& Huberman,A. M. Professional Development in Education:New Paradigms and Practices. New York:Teachers College Press,1995:253-267.

学员提供个人职业生涯发展战略的设计与咨询服务,并对学院后期所取得的成绩和面临的新问题进行追踪处理,不断丰富自身的教学案例;另一方面,加拿大高校较为注重加强校友会组织与建设,以便同期学员或同项目学员在未来的职业生涯中加强交流与合作,从而获得共同的专业化发展。

此外,各省教育部也会联合一些机构为在职教师的提升提供资源。如阿尔伯塔省就非常重视网络等多媒体资源在教师培训中发挥的积极作用,该省教育部与国家电影公司展开合作,共同研发多媒体教育资源,以便对教师开展课堂教学等方面的培训。加拿大教师资源网也整合了数十个可促进教师专业发展的网站,提供了大量的专业信息资源,其中包括教师教育与培训、教学实践、教学反思、教师之间的经验交流等,不仅丰富了教师的专业知识,更促进了小学社会课程教学质量的提升。

那么,在我国小学社会课程教师的培养中,如何构建一体化的培养体系理应成为我们关注的问题。在目前的社会发展状况下,作为一般的社会公民理应树立终身教育理念,更何况教师是作为一名专业化的教学人员,更应该不断了解与掌握新的知识和信息,以在职业生涯中保持专业化的状态。[①]教师在瞬息万变的社会中,需要不断地依靠自身的专业素养进行自我调整以适应变化,也需要不断地依靠自身的专业素养去对儿童的学习进行引导、协调和指导。因此,无论是在培养体系上,还是在培养标准与培养内容上,一体化培养应成为我国小学社会课程教师培养模式改革的基本理念。

总而言之,教师的专业素养在某种程度上左右着教育改革能够达到的目标和制约着这一目标能实现的程度。我们甚至可以认为,“教师的高度就是一个民族发展的高度”。[②]我国综合型社会课程还是一门新兴课程,本科层次的小学教育专业建立至今也不过短短十几年,借鉴教育发达国家的先进经验对于小学社会课程教师培养而言,理应成为目前小学社会课程发展中的重要环节。

---

① 陈时见. 师范生免费教育的培养模式探析[J]. 西南大学学报(社会科学版),2007(6):7.
② 张巧文. 对小学教育本科专业教师培养理念的思考[J]. 教育探索,2006(9):111-113.

结　语

比较研究是通向普遍的教育法则的必经之路。[①]我国社会课程是一门年轻的课程,借鉴他国的成功经验,对于促进我国小学社会课程建设理论与实践的发展有着重要的价值。在日趋深入的十几年间,我国小学社会课程的改革是在广泛借鉴、吸收各国教育改革的基础上进行的。然而,借鉴、吸收他国经验往往困难重重,特别是在我国与加拿大之间比较而言,更显不易。在加拿大,教育历来都是各省、各地区的共同责任,其并无统一的国家教育体系。因此,要像考察其他国家的教育那样来概括加拿大的教育并非易事。但可以肯定的是,中加两国对社会课程的认识是具有一致性的。两国都认为社会课程是一门整合了各种人文学科的相关知识和技能进行公民教育的综合课程。这种一致,使得两国的小学社会课程具有了可比性和借鉴性。基于这种可比性和借鉴性,本文对加拿大小学社会课程的历史演变、课程目标、课程内容、课程实施及师资培养五大维度进行了较为详细的分析,目的在于通过分析加拿大小学社会课程建设的经验和教训,形成我国社会课程的未来发展思路,促进我国小学社会课程完成其应有的历史使命。

在系统梳理了加拿大小学社会课程的生成与发展的历史演变后,我们就可以看到,加拿大社会课程发展逻辑从未间断,迈过了数个不同的时代。也正是由于这种发展历程和加拿大自身的文化和国家性质的不同,造成其社会课程必然不同于我国的社会课程。但对加拿大小学社会课程目标、内容、教学模式、教师培养等方面进行分析之后,我们更看到了其小学社会课程与我国社会课程存在着一定的共性和可借鉴内容。

就课程目标与内容而言,在各自国情和生态文化背景下,我国也如加拿大

---

① 顾明远,薛理银. 比较教育导论——教育与国家发展[M]. 北京:人民教育出版社,1998:30.

一般,提出了小学社会课程具有培养公民素质的要求,但"道德"在我国的社会课程所培养的公民素养上处于绝对地位。这虽然体现了我国的政治倾向性,但实质是公民教育目标的窄化,不利于"完整"的公民素质的培养。所以,我们应对课程目标进行合理优化,并在目标指导下完善课程内容的选择,同时结合我国的国情进行多样化、一贯化的课程结构设计。

当然,上述都是文本分析后所得出的结论,如果分析止于此,对于提出我国小学社会课程发展的优化思路恐将是一纸空谈。因此,本文秉持"对教学进行研究就必须进入课堂"的观点,深入加拿大小学社会课程教学的实际展开了研究,以为提出我国社会课程的发展思路提供事实依据。基于两国学者对于小学社会课程教学模式的研究以及我国课程标准教学的相关建议,本文通过观察加拿大多所小学的社会课程实际教学情况,对其小学社会课程的教学模式进行了归纳与总结。显然,当今各国社会课程的教学模式近年来均作出了较大的革新,均已呈现出多样化的形态,其中不乏在世界范围内都被广泛应用的教学模式。目前,我国的小学社会课程的教学已然充分体现了开放性、针对性和实效性,但在教学指向和教学主体方面仍然显现出可提升的空间。这样的空间也引发了我们的思考,针对我们一贯所看重的"知识的积累"与"智商的培养"是否能真正促进儿童的全面发展这一问题,本文基于加拿大小学社会课程的教学模式,认为教学中的双主体、积极创设教学情境与增强教学的体验性才是我国社会课程教学模式应该关注的重点,这也是实现社会课程教学目标的有效途径。需要指出的是,现代教育理念下的教学模式相互联系、相互作用,因此,很难将加拿大小学社会课程的所有教学模式逐一进行对比与说明,本文仅仅对较有代表性且较为常用的模式进行了分析,以便论述两国小学社会课程的共同指向及我国在教学上需要改进的地方。

那么,教学模式的区别在两国社会课程中并非独立存在,它事实上是多种差异的集中体现。社会课程教师培养的差异也是其中之一。教师作为课程实施的关键因素,是教学模式的选用者和实际操作者。因此,对教师培养的分析也是本文的重要维度之一。通过比较加拿大社会课程教师培养模式发现,对于如何培养专业化的教师队伍,是加拿大教育界关注的问题,而且其社会课程教师培养的专业性、通识性和开放性是保证其小学社会课程得以有效落地的核心要素。我们应该看到的是,持续的专业道德成长与专业知识的积累以及培养教师的多元文化素养,是完善我国社会课程教师队伍的重要途径,而这恰好是我们曾经所忽视的,其直接导致了我国小学社会课程的建设难以取得突破性进展。因此,以此作为我国社会课程教师培养的改革方向,才能为我国小学社会课程的发展提供重要保障。

　　加拿大作为世界发达国家之一,其教育发展是值得肯定的。我国小学社会课程的发展虽然具有自身的特色与优势,但也面临着诸多困境。我们应认识到,对他国经验,我们既不能深拒,也应该有选择性地借鉴与吸纳;一门课程的建设与本土化发展也需要长时期的努力,并非一蹴而就。如何在自身优势与他国先进经验之间取得平衡,才是我国小学社会课程未来发展的关键之所在。

参考文献

一、中文类

(一)书籍

[1] Tom V.Savage & David G Armstrong. 小学社会课的有效教学[M]. 廖珊,罗静,等译. 北京:中国轻工业出版社,2003.

[2] 大卫. A. 威尔顿. 美国中小学社会课教学策略[M]. 吴玉军,等译. 北京:华夏出版社,2004.

[3] 筑波大学教育学研究会. 现代教育学基础[M]. 钟启泉,译. 上海:上海教育出版社,2003.

[4] D.R. 克拉斯沃尔,B.S. 布鲁姆,等. 教育目标分类学:第二分册 情感领域[M]. 施良方,张云高,等译. 上海:华东师范大学出版社,2001.

[5] 布赖恩·特纳. 文化公民身份的理论概要[A]//尼克·史蒂文森. 文化与公民身份. 长春:吉林出版集团有限责任公司,2007.

[6] 布鲁纳. 教育过程[M]. 邵瑞珍,译. 北京:文化教育出版社,1982.

[7] 单中惠. 外国教育思想史[M]. 北京:高等教育出版社,2000.

[8] 第斯多惠. 德国教师培养指南[M]. 袁一安,译. 北京:人民教育出版社,2001.

[9] 丁尧清. 学校社会课程的演变与分析[M]. 广州:广东教育出版社,2005.

[10] 董毅,邬旭东. 新课程理论与实践的反思[M]. 合肥:合肥工业大学出版社,2005.

[11] 高峡. 小学社会课研究与试验[M]. 北京:北京师范大学出版社,2004.

[12] 顾明远,薛理银. 比较教育导论——教育与国家发展[M]. 北京:人民教育出版社,1998.

[13] 顾明远. 教育大辞典[M]. 上海:上海教育出版社,1990.

[14] 郭雯霞. 中日两国小学社会课的比较研究——一个社会认识教育论的视角[M]. 北京:民族出版社,2005.

[15] 何小平,戴木才,章小谦. 道德哲学与道德教育[M]. 南昌:江西高校出版社,2010.

[16] 黄甫全. 课程与教学论[M]. 北京:高等教育出版社,2002.

[17] 加里宁. 论共产主义教育[M]. 北京:中国青年出版社,1950.

[18] 中华人民共和国教育部. 全日制义务教育品德与社会课程标准(实验稿)[M]. 北京:北京师范大学出版社,2002.

[19] 中华人民共和国教育部. 义务教育品德与社会课程标准(2011 版)[S]. 北京:北京师范大学出版社,2012.

[20] 教育部基础教育课程教材专家工作委员会. 义务教育品德与生活课程标准(2011 年版)解读

[M]．北京：高等教育出版社，2012.

[21] 靳玉乐．新课程改革的理念与创新[M]．北京：人民教育出版社，2003:28.

[22] 课程教材研究所．20世纪中国中小学课程标准·教学大纲汇编（自然·社会·常识·卫生卷）[M]．北京：人民教育出版社，2001.

[23] 李秀伟．唤醒情感—情境体验教学研究[M]．济南：山东教育出版社，2007.

[24] 李勇．社会认识进化论[M]．武汉：武汉大学出版社，2000.

[25] 李稚勇，方明生．社会科教育展望[M]．上海：华东师范大学出版社，2001.

[26] 李稚勇．社会科教育概论[M]．北京：高等教育出版社，2005.

[27] 中国教育学会．新世纪教师专业化的理论与实践[M]．长春：东北师范大学出版社，2003.

[28] 联合国教科文组织．学会生存[M]．北京：教育科学出版社，1996.

[29] 刘淑梅．义务教育小学社会教材研究与实验[A]//课程教材研究所编．义务教育教材的研究与实验．北京：人民教育出版社，1997.

[30] 吕达．中国近代课程史论[M]．北京：人民教育出版社，1994.

[31] 马斯洛．人性能达的境界[M]．林方，译．昆明：云南人民出版社，1987.

[32] 瞿葆奎，金含芬．教育学文集·英国教育改革[M]．北京：人民教育出版社，1993.

[33] 日本教科书研究中心．从教科书看学校课程的国际比较[M]．东京：行政出版社，1984.

[34] 上海中小学课程教材改革委员会办公室．上海市小学品德与社会课程标准（征求意见稿）[M]．上海：上海教育出版社，2002.

[35] 沈晓敏．社会课程与教学论[M]．杭州：浙江教育出版社，2003.

[36] 盛朗西．小学课程沿革[M]．北京：中华书局，1934.

[37] 施良方．课程理论——课程的基础、原理与问题[M]．北京：教育科学出版社，1996.

[38] 恩靳·伊辛，布雷恩·特纳．公民权研究：导论[A]//恩靳·伊辛，布雷恩·特纳，王小章，译．公民权研究手册．杭州：浙江人民出版社，2007.

[39] 檀传宝．德育美学观[M]．太原：山西教育出版社，2001.

[40] 田正平．中国小学常识教学史[M]．济南：山东教育出版社，1996.

[41] 爱弥尔·涂尔干．道德教育[M]．陈光金，沈杰，朱谐汉，等译．上海：上海人民出版社，2001.

[42] 苏霍姆林斯基．给教师的建议[M]．杜殿坤译．北京：教育科学出版社，1984.

[43] 瓦西留克．体验心理学[M]．黄明，等译．北京：中国人民大学出版社，1989.

[44] 王本陆．课程与教学论[M]．北京：高等教育出版社，2009.

[45] 王策三．教学论稿[M]．北京：人民教育出版社，1985.

[46] 王琪．美国青少年公民教育理论与实践研究[M]．北京：北京理工大学出版社，2011.

[47] 王文岚．社会科课程中的公民教育研究[M]．北京：中国社会科学出版社，2006.

[48] 王一川．美学教程[M]．上海：复旦大学出版社，2004.

[49] 韦志成．语文教学情境论[M]．南宁：广西教育出版社，1996.

[50] 吴铎，罗国振．道德教育发展展望[M]．上海：华东师范大学出版社，2002.

[51] 新课程实施中培训问题研究课题组．新课程的理念与创新[M]．北京：北京师范大学出版社，2001.

[52] 杨四耕．体验教学[M]．福州：福建教育出版社，2005.

[53] 钟启泉,崔允漷,张华. 为了中华民族的复兴,为了每位学生的发展——《基础教育课程改革纲要(试行)解读》[C]. 上海:华东师范大学出版社,2001.

[54] 约翰·索洛莫斯. 种族、多元文化主义与差异[A]//尼克·史蒂文森. 文化与公民身份. 长春:吉林出版集团有限责任公司,2007.

[55] 张楚廷. 课程与教学哲学[M]. 北京:人民教育出版社,2003.

[56] 张志勇. 创新教育:中国教育范式的转型[M]. 济南:山东教育出版社,2007.

[57] 赵亚夫. 日本学校社会科教育研究[M]. 北京:北京师范大学出版社,2001.

[58] 赵亚夫. 学会行动:社会科课程公民教育的理论与实践[M]. 北京:高等教育出版社,2004.

[59] 课程教材研究所. 20 世纪中国中小学课程标准·教学大纲汇编·课程(教学)计划卷[M]. 北京:人民教育出版社,2001.

[60] 钟启泉. 国际普通高中基础学科解析[M]. 上海:华东师范大学出版社,2003.

[61] 钟启泉. 国外课程改革透视[M]. 西安:陕西人民教育出版社,1993.

[62] 钟启泉. 课程设计基础[M]. 济南:山东教育出版社,1998.

[63] 周宗奎. 儿童社会化[M]. 武汉:湖北少年儿童出版社,1995.

[64] 朱小蔓. 当代德育新理论丛书[M]. 北京:人民教育出版社,2003.

[65] 朱晓宏. 公民教育[M]. 北京:教育科学出版社,2003.

(二)学位论文

[1] 李海芬. 普通高等院校本科基础课程研究[D]. 上海:华东师范大学,2006.

[2] 任京民. 社会科课程综合化的意蕴与追求[D]. 上海:上海师范大学,2010.

[3] 尚立新. 多元文化背景下的加拿大公民教育研究[D]. 长春:东北师范大学,2006.

[4] 严书宇. 社会科课程研究:反思与构建[D]. 上海:华东师范大学,2004.

[5] 孔锴. 美国公民教育模式研究[D]. 长春:东北师范大学,2008.

[6] 程德慧. 当代中国学校公民意识教育研究[D]. 上海:华东师范大学,2012.

[7] 沈晓敏. 对话教学的意义和策略——公民教育的新视点[D]. 上海:华东师范大学,2005.

[8] 范微微. 多元文化社会中的国家认同:20 世纪 70 年代以来加拿大公民教育研究[D]. 长春:东北师范大学,2011.

[9] 彭泽平. 改革开放以来我国基础教育课程改革评析[D]. 上海:华东师范大学,2004.

[10] 芦雷. 我国中小学公民教育目标与内容重构研究[D]. 大连:辽宁师范大学,2012.

[11] 段俊霞. 我国中小学社会科课程统整研究[D]. 重庆:西南大学,2009.

[12] 吕明. 加拿大不列颠哥伦比亚省小学课程现状与特征研究[D]. 广州:华南师范大学,2004.

(三)期刊论文

[1] 李·S.舒尔曼,王幼真,刘捷. 理论、实践与教育的专业化[J]. 比较教育研究,1999(3).

[2] 白月桥. 课程标准实验稿课程目标订定的探讨[J]. 课程·教材·教法,2004(9).

[3] 陈时见. 师范生免费教育的培养模式探析[J]. 西南大学学报(社会科学版),2007(6).

[4] 程振禄. 关于品德与社会课程整体建设的几点思考[J]. 课程·教材·教法,2012(12).

[5] 程振禄. 关于小学社会课教学的思考和建议[J]. 课程·教材·教法,1998(12).

[6] 王宝聚. 小学社会课"三段六步"课堂教学模式探究[J]. 学科教育,1999(4).

[7] 史慧颖,张庆林. 探究式教学法在小学社会课教学中的应用[J]. 教育探索,2000(11).

[8] 邓守梅. 小学社会课课堂教学结构列举[J]. 云南教育,2000(11).

[9] 付文联,宋仕花."认识社会":小学社会课程教学的主线[J]. 山东教育,2000(25).

[10] 外山英昭,张茂聪. 小学社会科中的"师生共同学习"[J]. 山东教育,2000(19).

[11] 李世安. 小学社会学科课堂会议模式的构建[J]. 中小学教学研究,2000(1).

[12] 陈丽娜. 小学社会课的"合作学习"模式初探[J]. 教育评论,2001(1).

[13] 张茂聪,李成泉. 小学社会课教学原则及运用[J]. 学科教育,1997(10).

[14] 丛立新. 公民教育与小学社会课[J]. 中国教育学刊,2002(2).

[15] 代建军. 社会科课程结构类型述评[J]. 现代中小学教育,2005(1).

[16] 高峡,赵亚夫. 探索小学《品德与社会》课程的新思路[J]. 中国教育学刊,2003(4).

[17] 高峡,赵亚夫. 小学社会课程的基础和理念——兼谈我国小学品德与社会课的构建[J]. 教育研究与实验,2002(3).

[18] 高峡. 社会科和公民素养教育——从美国和日本社会科的建立谈起[J]. 全球教育展望,2002,(9).

[19] 高峡. 突显综合特征的公民素养教育——从社会科内容的组织构建方式中得到的启示[J]. 全球教育展望,2003(10).

[20] 顾明远. 教师的职业特点与教师专业化[J]. 教师教育研究,2004(6).

[21] 洪光磊. 学会在社会中生存——美国小学"社会科"的课程、教材与教学[J]. 全球教育展望,1993(5).

[22] 谭利华. 美国1996～1997年各州社会学科课程标准改革述评[J]. 外国中小学教育,1999(2).

[23] 黄逸恒,单文经. 以公民素质培养为核心的社会科课程与教学[J]. 全球教育展望,2006(10).

[24] 李稚勇. 中美社会科课程标准比较研究(上)[J]. 学科教育,2003(5).

[25] 任京民. 美国社会科课程理念与课堂教学的关系[J]. 外国中小学教育,2008(5).

[26] 沈晓敏. 从教科书看美日社会科教育的共同特点——兼论我国人文社会课程的问题[J]. 全球教育展望,2002(9).

[27] 沈晓敏. 日本小学社会科教科书述评—东京书籍版、大阪书籍版、光村图书版的比较[J]. 课程. 教材. 教法,2000(2).

[28] 施兴和. 加拿大民族政策的嬗变[J]. 世界民族,2002(1).

[29] 王文岚. 社会科课程中的公民教育新取向及其教学策略[J]. 教育研究,2007(7).

[30] 王永红. 当前我国(大陆)小学社会科研究述评[J]. 学科教育,2002(5).

[31] 吴康宁. 小学"社会课"教学大纲(课程标准)中的"社会架构"—— 中国大陆与台湾小学"社会课"教学大纲(课程标准)的比较分析[J]. 教育研究与实验,2001(2).

[32] 吴履平,王宏志. 关于小学社会教科书编写的几个问题[J]. 学科教育,1999(11).

[33] 武宜娟. 品德与社会课程结构的特点及其改进与优化[J]. 思想理论教育,2013(11).

[34] 武宜娟. 综合课程视野下品德与社会课程的结构分析[J]. 中国德育,2013(11).

[35] 徐辉,王静. 国际理解教育研究[J]. 西南师范大学学报(人文社会科学版),2003(6)5.

[36] 张茂聪. 互动式教学的课堂教学模式及其实施——以《品德与社会》课程教学为例[J]. 教育科学研究,2006(2).

[37] 张巧文. 对小学教育本科专业教师培养理念的思考[J]. 教育探索,2006(9).

[38] 张绍琼. 讨论式教学法的主要类型和基本策略[J]. 三峡大学学报(人文社会科学版),2008(12).

[39] 赵亚夫. 国外社会科中的历史教育[J]. 中学历史教学参考,2002(1).

[40] 赵亚夫. 论我国社会课的终结与再生[J]. 首都师范大学学报(社会科学版),2004(1).

[41] 赵亚夫,李建红. 美国学校社会科教育的诞生与发展(1916~1983)[J]. 首都师范大学学报(社会科学版),1999(1).

[42] 高鉴国. 加拿大多元文化政策评析[J]. 世界民族,1999(4).

[43] 沈嘉祺,徐娜. 中美小学社会科教科书价值取向比较研究——以人教版《品德与社会》和哈特·米福林版《社会学科》为例[J]. 外国中小学教育,2011(8).

[44] 王远美,方美玲. 中小学社会科教师专业发展标准研制及应用的思考[J]. 北京教育学院学报,2012(4).

二、外文类

(一)书籍

[1] Hodgetts,A.B.What Culture? What Heritage? A Study of Civic Education in Canada [M]. Toronto:OISE Press,1968.

[2] Alberta.Education.Alberta Social Studies Curriculum [M]. Edmonton:Author,1981.

[3] Levine,A.Handbook on Undergradua Curriculum [M]. San Franciso:Jossy-Bass Publishers,1978.

[4] Avner,S.,Cherryholmes,C.H.,& Heilman,E.E.Social Studies--the Next Generation:Researching in the Postmodern [M]. Frankfurt am Main:Peter Lang,2006.

[5] Darling Hammond,L.Teachers and Teaching:Sign of a Changing Profession[A]//W.R.Houston(ed). Handbook of Research on Teacher Education. New York:Macmillan,1990.

[6] Donald.C.Wilson.Public Issues in Canada:Possibilities for Classroom Teaching[M]. 14 vols.Vancou-ver:Faculty of Education,University of British Columbia,1984-1988.

[7] Ross,E.W.The Social Studies Curriculum [M]. New York:State University Press ,2001.

[8] Mandel,E.,& Taras,D.A Passion for Identity:Introduction to Canadian Studies.[M]. London:Methuen Co Ltd,1987.

[9] Farris.P.J.Elementary and Middle School Social Studies:An Interdisciplinary Instructional Approach [M]. New York:McGraw-Hill Companies,2004.

[10] Hardwick,F.C.Teaching History and Geography:A Source Book of Suggestions[M]. Toronto:W.J.Gage,1967.

[11] Fullan,M.The Limits and Potential of Professional Development [A]//Professional Development in Education:New Paradigms and Practices. New York:Teachers College Press,1995.

[12] Richardson,G.H.The Death of the Good Canadian:Teachers,National Identities,and the Social Stud-ies Curriculum [M]. New York:Peter Lang Publishing,Inc.,2002.

[13] Tomkins,G.The Social Studies in Canada [A]//Parsons,J.,Miburn,G.,&Manen,M.V.A Canadian Social Studies. Edmonton:University of Alberta Printing Services,1983.

［14］ Milburn,G.Teaching History in Canada[M]. Toronto:McGraw-Hill Ryerson,1972.

［15］ Newland, H.C.Report of the Supervisor of Schools ［A］//Thirty-sixth Annual Report of the Department of Education of the Province of Alberta . AB:A.Schnitka,King's Printer,1941.

［16］ Neatby, H. So,So Little for the Mind[M]. Toronto:Clarke,Irwin,1953.

［17］ Shaver, J.P.Handbook of Research on Social Studies Teaching and Learning[M]. New York:Mac - millan Publishing Company ,1991.

［18］ John de Crevecoeur.Letter from an American Farmer and Sketches of Eighteenth Century American ［M］. New York:Penguin Books.1983.

［19］ Lewis, J., ed.Teaching History and Geography: A Symposium on the Social Studies in Canada［M］. Toronto:Nelson,1969.

［20］ King, E.J.Other Schools and Ours: Comparative Studies for Today ［M］. London: Holt, Rinehart& Winston,1979.

［21］ Lan.W.,& Alan.S.Trends and Issues in Canadian Social Studies ［M］. Vancouver:Pacific Educational Press,1997.

［22］ Lemisko,L.Circles of Inquiry:Creating a Culture of Inquiry to Enhance Early Learning ［M］. Saska - toon:Dr.Stirling McDowell Foundation for Research Into Teaching,2011.

［23］ Barlow,M.,& Robertson,H.-J. Class Warfare:The Assault on Canada's Schools ［M］. Toronto:Key Porter,1994.

［24］ Max V.M.,& Jim.P."What Are the Social Studies?" in A Canadian Social Studies[A]//Jim.P,Geoff M, and Max.V.M.& Canadian Social Studies. Edmonton:University of Alberta Faculty of Education,1985.

［25］ Whelan, M.Why the Study of History Should be the Core ［A］//Social Studies Curriculum,2001.

［26］ Sutherland,N.,& Deyell,E.Making Canadian History,Book 1 ［M］. Toronto:W.J.Gage,1966.

［27］ Sutherland,N.The Triumph of 'Formalism' :Elementary Schooling in Vancouver from the 1920s to the 1960s ［A］//Vancouver Past:Essays in Social History. Vancouver:UBC Press,1986.

［28］ Noffke.S.E.Identity Community and Democracy in the New Social Others, [M]. New York:Falmer, 2000.

［29］ Osborne,K.The Teaching of Politics:Some Suggestions for Teachers[M]. Toronto:The Canada Stud - ies Foundation,1982.

［30］ Perry,P.Professional Development the Inspectorate in England and Wales ［A］//Hoyle,E.,& Megarry, J.(Eds). World Yearbook of Education 1980:Professional Development of Teachers. London:Kogan Page,1980.

［31］ Province of British Columbia, Department of Education, Division of Curriculum. Secondary School Curriculum Guide,Social Studies ［M］. Victoria:Queen's Printer,1968.

［32］ Cook, R.Canada,Qué bec and the Uses of Nationalism,[M]. Toronto:McClelland & Stewart,1995.

［33］ Joshee, R.Citizenship and Multi-cultural Education in Canada[A]//James,A.B. Diversity and Citi - zenship Education:Global Perspectives. San Francisco:Jossey-Bass,2004.

［34］ Ross, E.W.The Social Studies Curriculum:Purposes, Problems, and Possibilities ［M］. New York: SUNY Press,2006.

[35] Sears, A., & Wright, I. Challenges and Prospects for Canadian Social Studies[M]. Vancouver:Pacific Edu-cational Press,2004.

[36] Stamp, R.M.Becoming a Teacher in 20th Century Calgary:A History of the Calgary Normal School and the Faculty of Education[M]. Calgary:University of Calgary.Detselig Enterprises,2004.

[37] Student Guide for BA in Second Language Teaching [M]. Ottawa:University of Ottawa,2005.

[38] Sunal, C.S., &Haas, M.E.Social Studies for the Elementary and Middle Grades:A Constructivist Ap-proach [M]. Boston:Allyn&Bacon,2002.

[39] Susan, E.G.Teaching Social Studies in Elementary Schools:A Social Constructivist Approach [M]. Toronto:Nelson Education Ltd,2009.

[40] Tabachnick, B.R.Social Dtudies:Elementary-school Program [A]//Lewy, A.International Encyclopedia of Curriculum. Oxford:Pergamon,1991.

[41] Talor, C.Reconciling the Solitudes:Essays on Canadian Federalism and Nationlism [M]. Montreal and Kingston:MeGill-Queens University Press,1993.

[42] Zevin, J.Social Studies for the Twenty-first Century:Methods and Materials for Teaching in Middle and Secondary Schools [M]. London:Longman,1992.

(二)学位论文

[1] Broom, C.A historical Study of Citizenship Education in British Columbian Social Studies Guides[D]. Simon Fraser University,2007.

[2] Dawson, E.The Introduction and Historical Development of Social Studies in the Curriculum of the Pub-lic Schools of British Columbia[D]. University of British Columbia,1982.

[3] Horton, T.A.At the Intersection:Migrant Students' Canadian Identities and the Social Studies Curriculum [D]. University of British Columbia, Vancouver,2002.

(三)期刊论文

[1] Sears, A., & Hughes, A.S.Citizenship Education and Current Educational Reform [J]. Canadian Journal of Education,1996(2).

[2] Alberta Education. The Alberta Learning Resources Project (Edmonton: Author, 1978) , Quoted in Lorimer, R.Publishers, Governments, and Learning Materials:The Canadian Context[J]. Curriculum Inquiry,1984,14(3).

[3] Alexander, F., & Crabtree, C.A.California's New History-Social Science Curriculum Promises Richness and Depth [J]. Educational leadership,1988,46(1).

[4] Barr.R.D., Barth, J.L., & Shermis, S.S.Defining the Social Studies[J]. National Council for the Social Studies.1977.

[5] Barth, J.L., & Shermis, S.S.Defining the Social Studies:An Exploration of Three Traditions [J]. Social Education,1970,34(8).

[6] Bernard, G.H.The National Council for the Social Studies Convention at Cleveland [J]. Exploration, 1967(7).

[7] Brandt, R.On Curriculum in California:A Conversation with Bill Honing[J]. Educational Leadership,

1989,47(3).

[8] Massialas, B. G. The "New Social Studies" —Retrospect and Prospect [J]. The Social Studies, 1992(100).

[9] Collins, A.F., & Tierney, R.J.Teacher Education Accord: Values and Ideals of the Teaching Profession in Canada [J]. Education Canada, 2006, 46(4).

[10] Crabtree, C.A.Improving History in the Schools[J]. Educational Leadership, 1989, 47(3).

[11] Tomkins, G.S.The Canada Studies Foundation: A Canadian Approach to Curriculum Intervention [J]. Canadian Journal of Educatin, 1977 (2).

[12] Hanna, P.R.Social Studies for Today[J]. NEA Journal, 1956 (1).

[13] Jain. G. Nationalism and Educational Politics in Ontario and Qu é bec, 1867–1914 [J]. Canadian Schools and Canadian Identity, 1977(Gate).

[14] Jon Young.How Is Teacher Education Changing?[J]. Canadian Journal of Educational Administration and Policy, 2004.

[15] Judd, C.H.The Teaching of Civics[J]. The School Review, 1918 (26).

[16] Ly barger, M.Origins of the Modern Social Studies: 1900–1916[J]. History of Education Quarterly, 1983, 23(4).

[17] Lybarger. M. B. The Historiography of Social Studies: Retrospect, Circumspect, and Prospect [J]. Handbook of Research on Social Studies Teaching and Learning, 1991.

[18] Melissa S.W.Justice Toward Group: Political Not Juridical[J]. Political Theory, 1995(1).

[19] Ochoa–Becker, A. S. A Critique of the NCSS Curriculum Standards [J]. Social Education, 2001, 65(3).

[20] Osborne, K.A.Consummation Devoutly to Be Wished: Social Studies and General Curriculum Therory [A]. Douglas, A.R.& John, O.F.Curriculum Canada V: School Subject Research and Curriculum/ In - struc-tion Theory[C]. Vancouver: Center for the Study of Curriculum and Instruction, University of British Co-lumbia, 1984: 95.

[21] Paula, B., & John, E.The Canadian Pubic Issues Program: Learning to Deal with Social Controversy [J]. Orbit 6, 1975(12).

[22] Rideout, G., & Koot, R.Reflective, Humanistic, Effective Teacher Education: Do Principles Supported in the Deans' Accord Make a Difference in Program Outcomes?[J]. Canadian Journal of Education (Special Issue on Teacher Education in Canada), 2009, 32(4).

[23] Riffel, J.A., Levin, B., & Young, J.Diversity in Canadian Education [J]. Journal of Education Policy, 1996, 11(1).

[24] Rutherford, D. J., & Boehm, R. G. Round Two: Standards Writing and Implementation in the Social Studies [J]. The Social Studies, 2004, 95(6).

[25] S.N Forrest.Annual Address[J]. Western School Journal, 1920 (15).

[26] Wright, I., & Sears, A.M.Trends & issues in Canadian social studies[M]. Vancouver: Pacific Educa - tional Press.1997.

[27] Brickman, W. W. William Heard Kilpatrick and International Education [J]. Educational Theory,

1966(16).

(四)其他

[1] Association of Canadian Deans of Education.Accord on Initial Teacher Education [Z]. Toronto:ACDE, 2006.

[2] Bhola,H.S.L,Literacy for Survival and for More than Mere Survival [Z]. Geneva:International Bureau of Education,UNESCO,19904.

[3] Minist è re de I' £ ducation,du Loisir et du Sport.Ou é bec Education Program,Secondary School Edu - cation.CycleTwo [Z]. Qu é bec:Gouvernment du Qu é bec,2007.

[4] Ministry of Education,Province of Qu é bec,Qu é bec Education Program [S]. Qu é bec,Canada,2001.

[5] Ministry of Education, Social Studies K to 7, Integrated Resource Packages [S]. British Columbia, Canada,2006.

[6] Ministry of Education, The Ontario Curriculum, Social Studies, Grade 1–6; History and Geography, Grade 7–8,(revised)[S]. Ontario,Canada,2013.

[7] Ministry of State for Education and Younth,Qu é bec Education Programme [S]. Qu é bec, Canada, 2001.

[8] Schneider,D.O.Expectations of Excellence:Curriculum Standards for Social Studies [Z]. Washington: National Council for the Social Studies.1994.

[9] NCSS(National Council for the Social Studies),Curriculum Standards for Social Studies:Expectations of Excellence [S]. 4th printed,2001.

[10] Ontario College of Teachers.Accredition Resource Guide[Z]. Toronto,2014.

[11] Ontario Ministry of Education.New Teacher Induction Program Manual [Z]. Queen's Printer for On - tario,2010.

[12] Redden.Social Studies:A Survey of Provincial Curricula at the Elementary and Secondary Levels [Z]. Council of Ministers of Education Canada,Toronto,1982.

(五)网站

[1] [EB/OL]. http://www. moe. edu. cn/publicfiles/business/htmlfiles/moe/s6127/201112/127836. html, 2014–12–26.

[2] [EB/OL]. Http://education.alberta.ca/,2013–06–18.

[3] Abb é Arthur Maheux,A Dilemma for Our Culture (Ottawa:CHA/SHC report of the annual meeting, 1949),http://www.cha–shc.ca/bilingue/addresses/1949.htm.2014–09–12.

[4] Accreditation Handbook for Programs of Professional Education[EB/OL]. http://www.oct.ca/pubfica - tions/pdf/accreditation_ e.pdf.3–4,2008–12–11.

[5] Alberta Education.Guide to Support Implementation of Education Policies, Curricula, Priorities, Pro - grams and Initiatives[EB/OL]. http://education.alberta.ca/,2013–06–18.

[6] Foundation for the Atlantic Canada Social Studies Curriculum [EB/OL]. http://www. gnb. ca/0000/ publications/curric/social.pdf,2006,2014–12–30.

[7] Field Experiences [EB/OL]. http://www. uofaweb. ualberta. ca/fieldexperiences/student teachers cfrn,

2008-11-09.

[8] Helen McKenzie.Citizenship Education in Canada[EB/OL]. http://publications.gc.ca/site/eng/browse/topDownloads.html,2014-06-09.

[9] http://xxkx.fhedu.cn/Html/11/Menu/77/Article/6030/ 2014-10-29.

[10] http://www.moe.edu.cn/publicfiles/business/htmlfiles/moe/s6127/201112/127836.html,2015-01-16.

[11] http://www.ncss.org/1.5html,2015-03-12.

[12] Kathie F.NunLey.How to begin Layered Curriculum:Caution-Read this before beginning[EB/OL]. http://www.help4teachers.com/starting.htm.2014-10-30.

[13] Secondaary Program Cohoerts [EB/OL]. http://www.oise.utoronto.ca/preservice/secondary/_cohoets.php,2008-11-12.

[14] Social Studies K to 7, http://www.bced.gov.bc.ca/irp/course.php? lang=en&subject=Social_Stud-ies&course=Social_Studies_K_to_7&year=2006,2014-12-30.

[15] 不列颠哥伦比亚省教育部网站:http://www.gov.bc.ca/bced/

[16] 纽芬兰-拉尔拉多省教育与儿童发展部网站:http://www.ed.gov.nl.ca/edu/

[17] 西北地区教育、文化、劳工部网站:http://www.ece.gov.nt.ca/

[18] 萨斯喀彻温省教育部网站:http://www.education.gov.sk.ca/

[19] 魁北克省教育与体育发展部网站:http://www.mesrs.gouv.qc.ca/en/home/

[20] 阿尔伯塔教育部网站:http://www.education.alberta.ca/

[21] 安大略省教育部网站:http://www.edu.gov.on.ca/eng/

[22] 马尼托巴省教育部网站:http://www.edu.gov.mb.ca/index.html

[23] 新不伦瑞克省教育部网站:http://www.gnb.ca/0000/index-e.asp

[24] 新斯科舍省教育部网站:http://www.ednet.ns.ca/